Königs Erläuterungen und Materialien
Band 21

Erläuterungen zu

Johann Wolfgang von Goethe

Faust Teil I

von Rüdiger Bernhardt

Über den Autor dieser Erläuterung:

Prof. Dr. sc. phil. Rüdiger Bernhardt lehrte neuere und neueste deutsche sowie skandinavische Literatur an Universitäten des In- und Auslandes. Er veröffentlichte u. a. Monografien zu Henrik Ibsen, Gerhart Hauptmann, August Strindberg, gab die Werke Ibsens, Peter Hilles, Hermann Conradis und anderer sowie zahlreiche Schulbücher heraus. Seit 1994 ist er Vorsitzender der Gerhart-Hauptmann-Stiftung Kloster auf Hiddensee.

Das Werk und seine Teile sind urheberrechtlich geschützt. Jede Verwertung in anderen als den gesetzlich zugelassenen Fällen bedarf der vorherigen schriftlichen Einwilligung des Verlages. Hinweis zu § 52 a UrhG: Weder das Werk noch seine Teile dürfen ohne eine solche Einwilligung eingescannt oder gespeichert und in ein Netzwerk eingestellt werden. Dies gilt auch für Intranets von Schulen und sonstigen Bildungseinrichtungen.

7. Auflage 2006
ISBN 10: 3-8044-1671-3
ISBN 13: 978-3-8044-1671-0
© 2001 by C. Bange Verlag, 96142 Hollfeld
Alle Rechte vorbehalten!
Titelabbildung: Gustav Gründgens als Mephisto
(Foto: Lieselotte Strelow)
Druck und Weiterverarbeitung: Tiskárna Akcent, Vimperk

Inhalt

	Vorwort	5
1.	**Johann Wolfgang von Goethe: Leben und Werk**	7
1.1	Biografie	7
1.2	Zeitgeschichtlicher Hintergrund...........................	12
1.3	Angaben und Erläuterungen zu wesentlichen Werken	16
2.	**Textanalyse und -interpretation**	21
2.1	Entstehung und Quellen	21
2.2	Inhaltsangabe	34
2.3	Aufbau	72
2.4	Personenkonstellation und Charakteristiken	83
2.5	Sachliche und sprachliche Erläuterungen	91
2.6	Stil und Sprache	108
2.7	Interpretationsansätze	110
3.	**Themen und Aufgaben**	118
4.	**Rezeptionsgeschichte**	122
5.	**Materialien**	133
	Literatur	141

Vorwort

Goethes *Faust* ist **das bedeutendste Werk** der deutschen Literatur. Von 1775 stammt Goethes *Urfaust (Faust in ursprünglicher Gestalt)*, 1790 erschien *Faust. Ein Fragment* und 1808 *Faust. Der Tragödie Erster Teil*. 1832 beendete Goethe seinen *Faust. Der Tragödie Zweiter Teil*. Zwei Generationen lang hat sich Goethe mit dem Stoff beschäftigt. Diese Interpretation gilt *Faust. Der Tragödie Erster Teil*.

Als der englische Goethe-Biograf Nicholas Boyle gefragt wurde, womit jemand, der nichts von Goethe gelesen hat, anfangen sollte, antwortete er: „Ich würde empfehlen, was ich selber getan habe: den *Faust* lesen. Es ist das Größte – und sein erster Teil zugleich das Anziehendste –, was Goethe geschaffen hat. Da steckt wirklich alles drin."[1]

Seit 1790 ist das Werk im lebendigen Gespräch. Es vergeht kein Tag, an dem es nicht in Medien erwähnt, zitiert, besprochen oder als **Stichwortgeber** verwendet wird, oft ist dabei den Journalisten die Herkunft ihrer Sentenzen nicht bekannt. Oder wer ist sich bewusst, dass des „Pudels Kern" (V. 1323), verwendet für eine überraschende Tatsache oder Lösung, aus Goethes *Faust* stammt? Inszenierungen, Parodien und Variationen auch einzelner Teile sind an der Tagesordnung. Goethes Stück ist lebendig geblieben und erlebte auf der Expo 2000 in der Regie

Faust auf der Expo 2000

von Peter Stein eine ungekürzte Aufführung beider Teile, die 21 Stunden dauerte: 9 Stunden für den *Ersten* und 13 Stunden für den *Zweiten Teil*. Eingefügt waren große Pausen. So etwas war und ist die Ausnahme.[2] Zehn Jahre hat Stein sich um

---

1 Johannes Saltzwedel: Interview mit Nicholas Boyle, *Wunderlich und undurchschaubar*. In: Der Spiegel 1999, Nr. 33, S. 188
2 Durch die Bühne des Goetheanums in Dornach, der Wirkungsstätte des Anthroposophen Rudolf Steiner (1861–1925), werden beide Teile des Werkes seit Jahrzehnten ungekürzt aufgeführt.

diese Inszenierung bemüht und am Ende zwar Aufsehen, aber keine sonderliche Anerkennung dafür erfahren.

Faust ist **ein europäischer und ein weltliterarischer Stoff**. Aber besonders die Deutschen haben sich mit ihm beschäftigt und mit ihm identifiziert. Schon 1792 wurde in dem *Journal von und für Deutschland* von der **deutschen Nationallegende** gesprochen.[3] Lebendig erweist sich der *Faust* dadurch, dass Generation auf Generation Fragen an das Werk stellten und um immer neues Verständnis des Textes rangen. Es erweist sich als unerschöpflich. – Faust bietet Zitate, die bis heute im Alltag verwendet werden[4]. Details der Handlung wie die sprichwörtlich gewordene „Gretchenfrage" wirken nach: „Nun sag, wie hast du's mit der Religion?" (V. 3415) ist eine prinzipielle Frage, die auf alle Themen angewendet werden kann. Gretchenfragen sucht man sich mit Allgemeinplätzen zu entziehen, weil die Antworten entlarvend sein können.

Die vorliegende Interpretation kann den *Faust* nicht insgesamt erklären. Bibliotheken sind dazu entstanden.[5] Es werden eine erste Übersicht über die unterschiedlichen Fassungen gegeben, die Handlung von *Faust Der Tragödie Erster Teil* verfolgt und Erklärungen angeboten. Neben schnellen Informationen werden Hinweise dafür untergebracht, wie man sein Wissen über das Werk erweitert und einen Weg durch die für den Laien nicht, für den Fachmann kaum noch überschaubare Literatur zum *Faust* findet.

---

3 Vgl. Hans Henning: *Nachwort*. In: Historia von D. Johann Fausten. Leipzig: Reclam, 1964, S. 150
4 Zitatenlexika führen Dutzende geflügelte Worte aus Goethes *Faust* auf. Darunter befinden sich Sätze wie „Es möchte kein Hund so länger leben!" (V. 376), „.... die Kunst ist lang;/Und kurz ist unser Leben." (V.558 f.) oder „Mir wird von alle dem so dumm,/Als ging' mir ein Mühlrad im Kopf herum." (V. 1946 f.), die man kaum mehr mit dem *Faust* verbindet.
5 Eine Faust-Bibliografie, ein Standardwerk für Lehre und Wissenschaft, umfasst drei Teile in fünf Bänden (Hans Henning: *Faust-Bibliografie*. Berlin und Weimar: Aufbau-Verlag 1966–1976) und nennt ca. 16.000 Titel. Die „Neue Folge des Jahrbuchs der Goethe-Gesellschaft. Goethe" (Weimar) bietet zuverlässige Information und bringt, ohne vollständig zu sein, jährlich etwa 300 neue Angaben, von denen sich ungefähr 60 unmittelbar auf den *Faust* beziehen.

1. Johann Wolfgang von Goethe: Leben und Werk

1.1 Biografie

Jahr	Ort	Ereignis	Alter
1749	28. August Frankfurt a. M.	Johann Wolfgang Goethe wird als Sohn des Kaiserlichen Rates Dr. jur. Johann Kaspar Goethe, Sohn eines Schneiders, und Katharina Elisabeth, geb. Textor, Tochter des Schultheißen, in Frankfurt am Main, im Haus „Zu den drei Leiern" am Großen Hirschgraben geboren. Die Familie ist wohlhabend; der Reichtum stammt vom Großvater.	
1750	Frankfurt a. M.	Schwester Cornelia Friederike Christiana Goethe geboren.	1
1753	Frankfurt a. M.	Die Großmutter schenkt den Kindern zu Weihnachten ein **Puppentheater**, das von Bedeutung für Goethe wird und in seine Werke eingeht.	4
1759 -1763	Frankfurt a. M.	Während der französischen Besetzung Frankfurts besucht Goethe **das französische Theater** und hat erste Berührungen mit der Welt der Schauspieler.	10–14

1.1 Biografie

1765	Leipzig	Goethe **studiert die Rechte**, hört aber auch Vorlesungen zur Literatur und lernt Gellert und Gottsched kennen. – Freundschaft mit Ernst Wolfgang Behrisch (Hofrat, später Prinzenerzieher und Hofrat in Dessau) und Liebe zu Käthchen Schönkopf, der Tochter eines Zinngießers.	16
1768	Frankfurt a. M.	Goethe kehrt nach einem Blutsturz krank nach Hause zurück. Er liest Wieland, Shakespeare u. a.	19
1770	Straßburg	**Er setzt sein Rechtsstudium fort** und schließt es als Lizentiat der Rechte ab, was ihm ermöglicht, als Advokat zugelassen zu werden. Er lernt Herder und Dichter des **Sturm und Drang** (Jung-Stilling, Heinrich Leopold Wagner, Jakob Michael Reinhold Lenz) kennen. Im Straßburger Kreis werden ihm Pindar, Homer, die englische Dichtung, voran **Shakespeare** und **Ossian**, nahe gebracht. Herder weist ihn auf Hamann und die Volkspoesie hin. Er begeistert sich für das gotische Straßburger Münster.	21
	Sesenheim	Besuch bei Friederike Brion. Er verliebt sich in die **Pfarrerstochter von Sesenheim**, am 7. August ohne Erklärung Abschied.	

1771	Straßburg	Goethe sammelt während der Straßburger Zeit, Herders Anregung folgend, Volksballaden.	
	Frankfurt a. M.	Rückkehr nach Hause. Goethe hält seine berühmte Rede *Zum Schäkespears Tag*.	
1772	Wetzlar	Goethe als Praktikant am **Reichskammergericht**; verliebt sich in Charlotte Buff. Der Selbstmord des Studienkollegen Jerusalem (30. Oktober 1772) geht in den Roman *Die Leiden des jungen Werther* ein.	23
	Frankfurt a. M.	Rückkehr nach Hause.	
1774	Frankfurt a. M.	Knebel vermittelt Goethes **Bekanntschaft mit dem Erbprinzen Karl August von Weimar.**	25
1775	Frankfurt a. M.	Liebe und Verlobung mit Lili Schönemann, brieflich sich äußernde Liebe zur Gräfin Auguste von Stolberg, die er nie sehen wird. Erste Reise in die Schweiz.	26
	Schweiz		
1775	Weimar	Abreise am 30. 10., nachdem Karl August am 3. 9. die Regierung angetreten hat, **Ankunft am 7. 11**.	26
1776	Weimar	Geheimer Legationsrat mit Sitz und Stimme im Geheimen Conseil, tritt am 25. Juni in den **Staatsdienst**. Liebe zu **Charlotte von Stein**. Herder trifft mit seiner Familie ein.	27

1.1 Biografie

1777	Harz	Erste Harzreise, der 1783 bis 1789 weitere folgen. Nachklang im *Faust*: Walpurgisnacht.	28
1779	Weimar	Er wird zum Geheimen Rat ernannt.	30
	Schweiz	Zweite Reise.	
1781	Weimar	Naturwissenschaftliche Studien.	32
1782	Weimar	Goethe wird **geadelt**. Sein Vater stirbt.	33
1784	Weimar	Goethe entdeckt den **Zwischenkieferknochen** beim Menschen.	35
1786	Karlsbad	Sommer in Karlsbad. Heimlich flieht er von dort nach Italien.	37
	Italien	Goethe kommt am 29. Oktober in Rom an. **Italienische Reise**.	
1788	Weimar	Rückkehr, lernt **Christiane Vulpius** kennen und lieben und lebt von nun an zum Entsetzen des Weimarer Adels mit ihr zusammen.	39
1789	Weimar	Sohn August geboren, stirbt 1830 in Rom und wird dort beerdigt.	40
1790	Italien	Zwischen März und Juni die **zweite Italienreise**. Nach Schlesien in der Begleitung Karl Augusts, der als General in Preußens Diensten steht.	41
1791	Weimar	1791–1817 Direktor des Hoftheaters, Materialsammlung zur *Farbenlehre*.	42
1792–1793	Frankreich	Feldzug. Teilnahme an der Belagerung von Mainz.	43–44

1794	Weimar, Jena	Beginn der **Freundschaft und des Briefwechsels mit Schiller.**	45
1797	Schweiz	Dritte Reise.	
1799	Weimar	Im Dezember siedelt Schiller von Jena nach Weimar über.	50
1805	Weimar	9. Mai: Tod Schillers. Freundschaft mit Zelter.	55
1806	Jena	**Schlacht bei Jena und Auerstädt**: Das Heilige Römische Reich Deutscher Nation geht unter; die preußisch-sächsische Armee wird geschlagen. Die Franzosen plündern Weimar, Goethes Haus bleibt dank des Einsatzes von Christiane verschont. Am 19. Oktober lässt sich **Goethe mit Christiane trauen**.	57
1807	Weimar	Liebe zu Minna Herzlieb.	58
1814	Rhein und Main	Reisen. Liebe zu Marianne von Willemer.	65
1816	Weimar	6. Juni: **Tod Christianes.**	67
1823	Weimar	Johann Peter Eckermann besucht Goethe. Er wird Mitarbeiter und Nachfolger Riemers. Reise nach Marienbad und Eger. Verliebt sich in Ulrike von Levetzow.	74
1828	Weimar	Der Großherzog Karl August stirbt.	79
1832	Weimar	22. März: **Tod** Goethes in seinem 83. Lebensjahr.	82

1.2 Zeitgeschichtlicher Hintergrund

Die Entstehungszeit des *Faust*-Komplexes reicht von 1770 bis 1832. Es war ein außergewöhnlicher Zeitabschnitt, in dem der Komplex entstand. Goethe begann mit der Arbeit daran am Vorabend **der bürgerlichen Revolution von 1789** in Frankreich, als sich Europa durch die Aufklärung auf die geistigen und politischen Veränderungen vorbereitete. Die Arbeit wurde abgeschlossen, als die Arbeiterklasse zum ersten Male 1830 ihre Forderungen anmeldete. – Die Arbeit Goethes begann während der deutschen Sturm-und-Drang-Zeit, die eine Zuspitzung aufklärerischen Denkens bedeutete, und endete in der Zeit der **Julirevolution 1830** in Frankreich. Reflektierte das Werk anfangs noch intensiv die Aufklärung, so reagierte es am Ende auf die utopischen Sozialisten im Umfeld Saint-Simons. Goethe hatte nicht nur die französische Zeitung *Le Globe* abonniert, sondern war auch ein gewissenhafter Leser. Was er darin an Gedankengut des utopischen Sozialismus fand, floss in die Arbeit am 5. Akt in *Faust II* ein.

Entstanden die Szenen des *Urfaust* noch in der Zeit, als Friedrichs II. von Preußen (1712–1786) Macht auf dem Höhepunkt war, so reagierte der Dichter 1830 auf die französische Julirevolution, der zahlreiche weitere Aufstände in Belgien, Warschau und Italien folgten, im vierten Akt von *Faust II* mit der Erdbeben-Metapher[6]. Die USA sahen sich einer beginnenden großen Einwanderungswelle ausgesetzt; Kolonisationsprobleme wie in Fausts Schlussmonolog (*Zweiter Teil*) standen auf der Tagesordnung. Die Französische Revolution von 1789 veränderte Europa prinzipiell. Es folgten die Herrschaft Napoleons und die Niederlage des Heiligen Römischen Reiches deutscher Nation und Preußens 1806, Napoleons Zug nach Russland und

---

6 Schmidt, S. 216

seine Niederlage im Befreiungskrieg 1812/13, der Wiener Kongress 1815 mit der Neuordnung Europas, die Gründung des Deutschen Bundes und der Heiligen Allianz. Die wenigen genannten Ereignisse machen deutlich, dass Goethes *Faust*-Texte parallel zur territorialen und politischen Neuordnung Europas entstanden, die einherging mit einschneidenden sozialen Veränderungen. Das geschah besonders in der Ablösung feudaler Strukturen durch die **Herrschaft des Bürgertums**. Von alledem sind in Goethes *Faust* Spuren zu finden. Es war Heinrich Heine, der trotz der Vorbehalte gegenüber Goethe begründete, was Faust für die deutsche Geschichte bedeutete: Faust lebte, so Heine in der *Romantischen Schule*, „zur Zeit, wo man anfing, gegen die strenge Kirchenautorität zu predigen und selbständig zu forschen: – so dass mit Faust die mittelalterliche Glaubensperiode aufhört und **die moderne kritische Wissenschaftsperiode** anfängt."[7] Goethe war bewusst, dass sein Faust nicht nur parallel zu weltgeschichtlichen Ereignissen entstanden war, sondern diese auch verarbeitete.

Zum Namenstag William Shakespeares lud Goethe am 14. 10. 1771 die Frankfurter Verehrer Shakespeares und

Die Beschäftigung mit Shakespeare

Freunde zu einer Feier ins elterliche Haus ein, für die er seine Rede ***Zum Schäkespears Tag*** schrieb. Die Rede ist eine der ersten und wichtigsten Schriften für den Sturm und Drang. Sie bereitet *Faust* vor. Wenn Goethe aus Shakespeares Werken ableitete, alles in der Welt drehe sich um den geheimen Punkt, in dem „das Eigentümliche unsres Ichs, die prätendierte Freiheit unsres Willens, mit dem notwendigen Gang des Ganzen zusammenstößt"[8], so hatte er den wesentlichen Vorgang seines *Faust*, wenn auch in abstrahierter Weise, beschrieben.

---

7 Heinrich Heine: *Die Romantische Schule*. In: Werke. Hg. von Ernst Elster. Leipzig: Bibliografisches Institut, o. J., Bd. 5, S. 257 f.
8 Goethe: *Zum Schäkespears Tag*, Berliner Ausgabe (im Folgenden abgekürzt als BA) 17, S. 187 f.

1.2 Zeitgeschichtlicher Hintergrund

Mit Goethes Sturm-und-Drang-Werken wurde der allgemein gültige **Regelkanon des klassizistischen französischen Theaters** außer Kraft gesetzt. Dazu gehört auch der *Faust*. Das überrascht, weil Goethe mit dem Schwinden des Sturm und Drang, mit seinem Eintritt in feudale Herrschaftsverhältnisse und nach seiner Italien-Reise frühere Texte wieder auf diesen Regelkanon zurückführte. Ein Indiz auf Veränderungen auch im *Faust* ist die Verwandlung der Prosaszenen des *Urfaust*, Ausnahme *Trüber Tag. Feld*, in die metrischen Verse des *Ersten Teils*. Goethe verwendete aber vorrangig nicht den jambischen Fünfheber, wie er in der *Iphigenie* zu finden ist, sondern den im klassischen Drama ungewohnten **Knittel- und Madrigalvers** (infolgedessen auch „Faustverse" genannt).

Gottsched hatte in seiner verbreiteten Poetik *Versuch einer Critischen Dichtkunst* (1730) dem **Faust-Stoff eine Absage** erteilt, „das Märchen von D. Fausten hat lange genug den Pöbel belustigt"[9]. Den *Faust*, den Gottsched mit dem Mainzer Verleger Johann Fust identifizierte, aus dem Repertoire der Wander- und Puppenbühnen zu beseitigen, weil übernatürliche Erscheinungen von Gottsched als wirklichkeitsfremd abgelehnt wurden, gehörte zu den Reformversuchen.[10] Die Schärfe, mit der Gottsched gegen „Schwarzkünstler D. Faust" vorging, zeigt, wie verbreitet und beliebt die Faustsage im Volk am Anfang des 18. Jahrhunderts war. Goethes *Faust* scheint Antwort darauf zu sein. Er trägt zur „Belustigung" der Zuschauer bei. In seinem Vorspiel tritt auf dem Theater jene „Lustige Person" auf, die Gottsched gemeinsam mit der Neuberin mit großem Aufwand von der Bühne verbannt hatte. Auch an eine direkte Anspielung auf Gottsched ist zu den-

---

9 Johann Christoph Gottsched: *Versuch einer Critischen Dichtkunst* 19.§, Photomechanischer Nachdruck, 5. Auflage, Darmstadt 1962, S. 185 f.
10 Vgl. dazu die interessante Darstellung von Werner Rieck: *Das Faustbild Gottscheds*. In: Goethe. Neue Folge des Jahrbuchs der Goethe-Gesellschaft. Weimar: Hermann Böhlaus Nachf. 1966 (28. Band), S. 197–205

1.2 Zeitgeschichtlicher Hintergrund

ken, ist Goethes *Faust* doch auch in Teilen eine Literatursatire: Mephistopheles, auch als Mephisto bezeichnet, verkleidet sich als Professor. Im *Urfaust* wird er beschrieben „im Schlafrock, eine große Perücke auf", im *Fragment* und dem *Ersten Teil* „in Fausts langem Kleide" (vor V. 1851). Mit „einem gründamastnen, mit rotem Taft gefütterten Schlafrock" und im Streit um eine Perücke war Goethe Gottsched begegnet, als er ihn als Student in Leipzig besuchte und später eine höchst ironische Schilderung des Vorgangs gab.[11]

An die Stelle der aristotelischen **Dreieinheit** traten im *Faust* Natur, Originalität und Ursprünglichkeit. Goethe fand später für seine **Einheit des Orts und der Handlung** eine Erklärung des *Faust* als Welt- und Zeittheater: Die Einheit des Ortes sei durch die Menschheitsgeschichte gegeben, „vom Untergange Trojas bis auf die Zerstörung Missolunghis" (d. i. die griechische Stadt Mesolongion, die 1826 von den Türken belagert und zerstört wurde), die Einheit der Zeit durch die „Fülle der Zeiten, da es denn jetzt seine volle dreitausend Jahre spielt"[12].

Am 7. November 1775 fuhr Goethe in Weimar ein; ein musenfreundlicher **Goethe in Weimar** Hof dank der Herzogin Anna Amalia empfing ihn. Im Gepäck hatte er den *Urfaust*, aus dem er auch bereitwillig vorlas. Nur dadurch ist er in die Nachwelt gekommen, denn das Hoffräulein Luise von Göchhausen, die den Dichter begeistert verehrte, schrieb den Text ab, den man 1887 im **Nachlass der Göchhausen** fand. Während der *Faust* noch die Ästhetik des Sturm und Drang und seine Themen nach Weimar vermittelte, wurden die Ansichten des Sturm und Drang nicht in die alltägliche Politik übernommen, der Goethe bald nach seiner Ankunft uneingeschränkt verpflichtet war; zwischen dem

---

11 Goethe: *Dichtung und Wahrheit*. BA 13, S. 291 f.
12 Goethe am 22. Oktober 1822 an Wilhelm von Humboldt. In: Gräf, S. 350

1. Johann Wolfgang von Goethe: Leben und Werk

Dichter, der aus dem Sturm und Drang kam, und dem Minister, der seinem Herzog dienen musste, lagen Welten.

1.3 Angaben und Erläuterungen zu wesentlichen Werken

Goethes *Faust* ist ein Sammelbecken aller Ideen, Pläne und Werke des Dichters. Einzelne Entsprechungen lassen sich ohne Schwierigkeiten finden. Das Schuldgefühl Goethes gegenüber Friederike Brion findet sich in der Beziehung Fausts zu Gretchen. Die Handlung des *Faust* spielt zur gleichen Zeit wie *Götz von Berlichingen*. Im *Götz* tritt Kaiser Maximilian I. auf, der Kaiser in *Faust. Der Tragödie Zweiter Teil* war ursprünglich als Kaiser Maximilian I. gedacht. In einem Paralipomenon (das bedeutet: Ergänzung, Randbemerkung, Rest) wird von Maximilian I. gesprochen.[13] Aus dem Umkreis des *Urfaust* stammt die Farce **Hanswursts Hochzeit**[14], die nur als Fragment vorhanden ist. Schon die Gattungsbezeichnung „Ein mikrokosmisches Drama" ist ein Gegensatz zu Fausts Beschwörung des Makrokosmos („Er schlägt das Buch auf und erblickt das Zeichen des Makrokosmos." *Urfaust*, vor V. 76). Mephisto jedoch rät Faust, um seine übertriebenen Wünsche zu realisieren, einen Dichter, einen „Herrn Mikrokosmos" (V. 1802) zu engagieren. Auch die monologischen Eröffnungen beider Stücke verhalten sich zueinander wie Text und Parodie in Form und Inhalt:

---

[13] BA 8, S. 580 (Paralipomenon Nr. 70) Mephisto beschreibt Faust den Reichstag von Augusburg, „welchen Kaiser Maximilian dahin zusammenberufen hat".
[14] BA 5, S. 488 ff. und S. 685 ff.

1.3 Angaben und Erläuterungen zu den Werken

Form
Hab nun, ach! die Philosophei
Knittelvers

Hab ich endlich mit allem Fleiß
Knittelvers

Inhalt
Faust erzieht seine Studenten
Faust ist erfolglos (nichts wissen können)

Kilian Brustfleck erzieht sein Mündel Hanswurst
Hanswurst ist weiterhin tölpisch schlüfflich

Gesucht wird von Faust und Kilian:
was die Welt/Im Innersten zusammenhält
das Erlebnis des Makrokosmos

Das Muster aller künft'gen Welten.
das Erlebnis des Mikrokosmos

Auch die derbe und drastische Bildhaftigkeit, die vor keinem obszönen Wort zurückscheut, findet ihre wenn auch gemilderte Entsprechung in den Szenen *Hexenküche* und *Walpurgisnacht* samt der Paralipomena der Satansszenen im *Faust*. Im *Faust* werden bestimmte Wörter immer noch nicht gedruckt, in der Farce stehen sie in kaum überbietbarer Deutlichkeit. Vgl. BA 8, S. 283 und BA 5, S. 488 ff.

1753–1759	Zwischen 1753 und 1759 lernt Goethe Faust durch das Puppenspiel kennen.
1768	Während des Studiums in Leipzig sind möglicherweise die Anfänge der *Faust*-Dichtung zu suchen. *Die Mitschuldigen*: **erste Erwähnung** des Doktor Faust (1. Fassung V. 435 f., 2. Fassung V. 786 f.)

1.3 Angaben und Erläuterungen zu den Werken

1770/71	Goethe begegnet in Straßburg Herder, verbirgt aber „am sorgfältigsten" vor ihm „das Interesse an gewissen Gegenständen, die sich bei mir eingewurzelt hatten und sich nach und nach zu poetischen Gestalten ausbilden wollten. Es war Götz von Berlichingen und Faust."[15]
1772	gibt Goethe gemeinsam mit Herder und Merck die *Frankfurter Gelehrten Anzeigen* heraus.
1772,	14. Januar: Hinrichtung der Kindesmörderin Susanna Margaretha Brandt, dem Urbild Gretchens im *Faust*.[16]
1773	**Arbeit am *Urfaust*,** Brief Gotters: „Schick mir dafür den ‚Doktor Faust',/Sobald dein Kopf ihn ausgebraust."
1773–75	Altes Manuskript, von dem der *Urfaust* wahrscheinlich nur einen Teil überliefert. Gleichzeitig entstand *Hanswursts Hochzeit*, eine Art Parodie des *Faust*.
1774	Goethe trägt Freunden Balladen (*Der König in Thule*) und Auszüge aus dem *Faust* vor.
1775,	**Anfang Dezember bis 1776 Lesungen vor den Herzoginnen aus dem sogenannten *Urfaust*, auch *Faust in ursprünglicher Gestalt*.** Er wurde vom Weimarer Hoffräulein Luise von Göchhausen abgeschrieben und erst 1887 in ihrem Nachlass entdeckt
1780	Goethe liest vor Herzog Carl August und Prinz August von Gotha aus dem *Faust* vor.

---

[15] Goethe: *Aus meinem Leben. Dichtung und Wahrheit*. 10. Buch. In: BA, Band 13, S. 446
[16] Vgl. *Leben und Sterben der Susanna Margaretha Brandt*. Insel-Bücherei Nr. 969, Frankfurt a. M.: Insel-Verlag, 1973

1.3 Angaben und Erläuterungen zu den Werken

1781	Schattenspiel in Tiefurt anlässlich von Goethes Geburtstag; es leuchtete neben dem Namen *Iphigenies* auch der *Fausts*.
1788,	**1. März: Plan zu *Faust* in Italien.** Es entstehen *Hexenküche*, *Wald und Höhle* und *Auerbachs Keller* in Versen.
1790	*Faust. Ein Fragment* erscheint im 7. Band von *Goethes Schriften*. Bis 1808 hat für das Publikum *Faust* die Gestalt dieses Fragments.
1794,	29. November: Schiller drängt auf die Lektüre der ungedruckten Teile des *Faust* und Goethe zur Weiterarbeit.
1797,	22. Juni: Goethe teilt Schiller die Weiterarbeit am ***Faust*** mit. Ein Schema entsteht.
1798 und 1801	intensive Arbeit am *Faust*. Die Tragödie wird in zwei Teile getrennt.
1799	Goethe liest John Miltons *Verlorenes Paradies* in der Übersetzung von Justus Friedrich Zachariä; Verse aus dem *Prolog im Himmel* ähneln dieser Übersetzung.
1806	Abschluss von *Faust. Eine Tragödie*. Durchsicht mit F. W. Riemer.
1808	***Faust. Der Tragödie Erster Teil* erscheint im 8. Band der dreizehnbändigen Cotta'schen Ausgabe der Werke.** Erste Ideen zu *Der Tragödie Zweiter Teil* und Gespräche mit F. W. Riemer darüber.[17]
1811–1814	Arbeit an *Dichtung und Wahrheit* (Bände 1–4).
1825	Arbeit am zweiten Teil des *Faust*.
1827–1832	Arbeit und Abschluss *Faust. Der Tragödie Zweiter Teil* in fünf Akten.

---

17 Vgl. Gräf, S. 165 f.

1.3 Angaben und Erläuterungen zu den Werken

1829	Uraufführung von *Faust. Der Tragödie Erster Teil* in Braunschweig.
1831	22. Juli: „Das Hauptgeschäft zustande gebracht."
1832	17. März: Goethes letzter Brief, gerichtet an Wilhelm von Humboldt, beschäftigt sich mit dem *Faust*: „Es sind über sechzig Jahre, dass die Konzeption des *Faust* bei mir jugendlich von vorne herein klar, die ganze Reihenfolge hin weniger ausführlich vorlag."

2. Textanalyse und -interpretation

2.1 Entstehung und Quellen

1770 in Straßburg fand Goethe Interesse am Faust. Die Ursache war die Bekanntschaft mit dem Puppenspiel:

> „Die bedeutende Puppenspielfabel"

„Die bedeutende Puppenspielfabel des andern (Faust, R. B.) klang und summte gar vieltönig in mir wider. Auch ich hatte mich in allem Wissen umhergetrieben und war früh genug auf die Eitelkeit desselben hingewiesen worden."[18] Die Puppenspiele hatten keinen festen Text, sondern wurden extemporiert. Eine Vorstellung davon kann man in Theodor Storms Novelle *Pole Poppenspäler* (1873/74) bekommen. Während des Spiels bei Storm, das in einem norddeutschen Ort stattfindet, kommentiert ein Leipziger Schneidergesell, er habe das Stück kürzlich in Seifersdorf gesehen und da sei es anders verlaufen. Die Wirkung der Puppenspiele wird auch in Goethes Farce-Fragment *Hanswursts Hochzeit* erkennbar. Es erscheint wie seine derb-obszöne Parodie. Die Puppenspiele beginnen immer mit einem Monolog Fausts, auch Goethes *Faust* wird so eröffnet.[19]

Der historische Faust gehört zu den interessantesten Gestalten der europäischen Kulturgeschichte. Er hat tatsächlich gelebt; Doku-

> Der historische Faust

---

18 Goethe: *Dichtung und Wahrheit*, BA 13, S. 446
19 Das Puppenspiel ist heute noch lebendig. Die Bärenfelser Puppenbühne inszenierte in den sechziger Jahren *Faust* erfolgreich und bestritt damit Gastspielreisen. Im Programm beschrieb man: „Das Stück wird gespielt zum ersten in Doctor Fausten seynem Studierzimmer, sodann im Walde am Steinkreuz, dann widerum in Fausten seynem Studierzimmer, zum vierten im Schlosse zu Parma und zum Beschluß auf dem Platz vor Faustens Hause zu Wittenberg, Scheergassen an der Ringmauer. Außerdem noch ein Vorspiel in der Höllen. Die Historia hat sich begeben wohl um das Jahr 1525 des Heils." (Bärenfelser Puppenspiele, Kasperklause)

2.1 Entstehung und Quellen

mente, darunter ein Zauberbuch Fausts[20], belegen das. Aber sowohl seine Herkunft als auch sein Ende sind legendär. Geschichtsschreibung und Sage, Dokumentarisches und Aberglaube überlagern sich ständig, zumal bereits 50 Jahre nach seinem Tod mit dem *Volksbuch von Doktor Faust* eine Biografie erschien, die mehr die Legende des berüchtigten Schwarzkünstlers als die tatsächlichen Fakten eines beweglichen Humanisten nutzte, der keine Grenzen, weder die von der Kirche, noch die von der Natur gesetzten, kannte. Ihr unbekannter Verfasser wusste kaum noch etwas vom Leben Fausts und berief sich auf Legenden und Sagen. Daraus ergab sich ein sensationelles Leben, das seine Leser fand. Etwa 1588 schrieb der Engländer **Christopher Marlowe** *Die tragische Geschichte des furchtbaren Lebens und Todes des Doktor Faust*, das erste Drama über Faust und gleichzeitig das erste Beispiel eines titanisch strebenden Fausts, der um den Preis seiner Seele letzte Erkenntnisse sucht. Es wurde kurz darauf gespielt, bald verboten, ehe es sich durchsetzte; erst von 1604 liegt ein Druck vor. Marlowe fühlte sich wahrscheinlich wie Faust, wenn er in der Entstehungszeit zweimal wegen seines Atheismus vor Gericht stand und der Hinrichtung dadurch entging, dass er zuvor ermordet wurde. Goethe lernte Marlowes Werk erst 1818 in der deutschen Übersetzung von Wilhelm Müller kennen.[21]

Die Inhalte des Volksbuches von 1587, das in zehn Jahren 22 Nachdrucke erlebte, waren so bekannt, dass auch Goethe sie verwendete. Nur zwei Beispiele mögen das verdeutlichen. In beiden Texten beschwört Faust zuerst den Erdgeist:

---

20 In der Sammlung Martin Bodmers (1899–1971), der *Bibliotheca Bodmeriana* in Cologny bei Genf, wird ein solches Zauberbuch aufbewahrt. Zwei Seiten daraus wurden im Magazin *Der Spiegel* Nr. 37, 2000 veröffentlicht, das Buch selbst im Marbacher Schiller-Nationalmuseum in „Spiegel der Welt" 2000 ausgestellt.
21 Christoph Marlowe: *Doktor Faustus. Tragödie.* Aus dem Englischen übersetzt von Wilhelm Müller. Mit einer Vorrede von Ludwig Achim von Arnim. Berlin: In der Maurerschen Buchhandlung, 1818

2.1 Entstehung und Quellen

Faust beschied nach dem *Volksbuch* „den Geist in seine Kammer, als er dann auch erschien, anzuhören, was D. Fausti Begehren wäre. Und ist sich zu verwundern, dass ein Geist, wo Gott die Hand abzieht, dem Menschen ein solch Geplärr kann machen. ... er hätte keine vollkommliche Gewalt, denn sofern bis ers von seinem Herrn, der über ihn herrschete, erlangen könnte, und sprach. ‚Lieber Fauste, dein Begehren zu erfüllen, steht nicht in meiner Kur und Gewalt, sondern zu dem höllischen Gott.'"[22]

In Goethes *Faust* beschwört Faust ebenfalls den Geist in sein gotisches Zimmer, „Es zuckt eine rötliche Flamme, der Geist erscheint in der Flamme" (vor V. 482) und fragt nach Fausts Begehr. Faust, der sich mindestens diesem Geist ebenbürtig fühlt und erklärt „Ich bin's, bin Faust, bin deinesgleichen!" (V. 500), muss sich von dem Geist sagen lassen: „Du gleichst dem Geist, den du begreifst,/Nicht mir! *Verschwindet.*" (V. 512 f.).

Ähnlich verhalten sich die **Paktszenen** zueinander:

Im *Volksbuch* schreibt Faust mit seinem Blut einen Vertrag „gegenwärtigem gesandtem Geist, der sich Mephostophiles nennt, ein Diener des höllischen Prinzen im Orient" und um diesen Vertrag zu erfüllen verpflichtet sich Faust allem abzusagen, „so da leben, allem himmlischen Heer und allen Menschen, und das muss sein".

Bei Goethe verflucht Faust in ähnlicher Weise alles, „was die Seele/Mit Lock- und Gaukelwerk umspannt", die Träume, den Besitz, „Fluch der Hoffnung! Fluch dem Glauben,/Und Fluch vor allem der Geduld!" (V. 1605 f.) Mephistopheles fordert darüber ein Papier, „Du unterzeichnest dich mit einem Tröpfchen Blut" (V. 1737).

---

22 *Historia von D. Johann Fausten* ... Leipzig: Philipp Reclam jun., 1964, S. 22 f.

2.1 Entstehung und Quellen

Fausts Lebenslauf

Faust kam um 1470 in Helmstadt bei Neckarbischofsheim (östlich von Heidelberg) oder, nach Melanchthon, in dem kleinen Ort Kundling (heute: Knittlingen) bei Maulbronn in Württemberg auf die Welt. Im Volksbuch (1587) ist er in Roda bei Weimar als eines Bauern Sohn geboren, nach anderen Angaben wurde er in Simmern bei Kreuznach geboren. Er hieß vermutlich Georg Zabel und nannte sich Georgius Sabellicus, später taucht der Vorname Johann auf. Goethe nennt ihn Heinrich.[23] „Faustus" war kein Familienname, sondern ein lateinischer Gelehrtenname, wie er in der Reformation üblich war, und bedeutete „der Glückliche". Die Unterschiede, die Fausts Herkunft im Ungewissen lassen, machen auf seine besondere Stellung in der Zeit aufmerksam: Er lebte gleichzeitig wie **Luther, Müntzer, Götz von Berlichingen und Maximilian I.**, war aber eine Gestalt am verschwimmenden Rand der Geschichte, mehr Scharlatan als Politiker, mehr Gaukler als Gelehrter, mehr Spieler als Akademiker. Er nahm wahrscheinlich in Staufen im Breisgau um 1540 ein schreckliches Ende. Nach dem Volksbuch geschah das in Rimlich bei Wittenberg. Man sagte, der Teufel habe ihn geholt. Es deutet auf einen unnatürlichen Tod hin, der allerdings möglicherweise auf eine Explosion bei chemischen Versuchen zurückging.

Bauernkrieg, Reformation, Zusammenbrechen der Ritterschaft, Beginn der modernen Naturwissenschaft mit den Büchern der „weißen Magie" – im Gegensatz zu den Zauberkünsten der „schwarzen Magie" – und Absage an die Scholastik, wie sie in den *Dunkelmännerbriefen* (1515) zu finden war, bildeten den Hintergrund für Fausts Leben und Wirken. Als fahrender Geselle erlebte er jene gewaltige Zeit, die

---

23 Das wird damit erklärt, dass Goethe den Vornamen Heinrich Agrippas von Nettesheim einsetzte, einem zeitgenössischen Gelehrten, dessen Schriften er benutzte und „aus denen er manche Züge für seine Faustgestalt übernahm" (Schmidt, S. 12)

in Europa unter anderem mit den Namen **Reformation, Cinquecento und Renaissance** versehen wird.
Wahrscheinlich stammte Faust aus bäuerlichen Kreisen, konnte aber eine Lateinschule besuchen, studierte 1483 in Heidelberg und wurde 1487 Magister. 1513 war er in Erfurt, wohnte im „Anker", hielt an der Universität Vorlesungen über Homer und soll dazu die Gestalten der Epen herbeigezaubert haben. Aus Wittenberg floh er zwischen 1525 und 1532, aus Ingolstadt wurde er 1528 ausgewiesen und im Register der Ausgewiesenen aufgeführt. Erneut tauchte er 1534 bis 1536 in Nürnberg und Würzburg auf und wurde ebenfalls als „Sodomit und Nigromantico", also einer, der mit Tieren Geschlechtsverkehr treibt und als Totenbeschwörer auftritt, verwiesen.

Faust diente bedeutenden Zeitgenossen wie Franz von Sickingen, 1507

> Faust und die Zeitgenossen

wurde er von Franz von Sickingen als Lehrer angestellt, stellte aber auch dem Fürstbischof Georg III. von Bamberg, an dessen Hof Faust nachweislich 1520 weilte und der bei Goethe der Gegenspieler des Götz von Berlichingen war, ein Horoskop. Eine Kämmereirechnung belegt das dafür an Faust gezahlte Honorar. Luther, Melanchthon, Philipp von Hutten – ein Vetter Ulrichs von Hutten – und andere berichteten von ihm.[24] So begehrt er einerseits als Astrologe war, so oft wurde er andererseits als **Schwindler und Hochstapler** verjagt. Seit 1506 wurde mehrfach in der gedruckten Literatur über ihn berichtet. Im gleichen Jahr war Faust, versehen mit einem hochtrabenden Titel, in Gelnhausen: „Magister Georgius Sabellicus, Faustus junior..."[25]. Der ein abenteuerliches Leben

---

[24] Vgl. Hans Henning: Nachwort. In: Historia von D. Johann Fausten dem weitgeschreiten Zauberer und Schwarzkünstler (1587). Leipzig: Reclam, 1964, S. 151
[25] Der Titel lautete vollständig: Magister Georgius Sabellicus, Faustus junior, fons necromanticorius, astrologus, magus secundus, chiromanticus, aeromanticus, pyromanticus, in arte hydra secundus (Magister Georg Sabellicus, Faust der Jüngere, Quellbrunn der Geisterbeschwörer, Astrolog, Zweiter der Magie, Handleser, Luftdeuter, Feuerdeuter, Zweiter in der Wasser- bzw. Harnbetrachtung) Vgl. Anthologie I, S. 9

2.1 Entstehung und Quellen

führende Gelehrte galt der Zeit als Gegenstück zum überschaubaren und ordnungsliebenden Luther. Die Volksbücher erzählen von Aufenthalten in Basel, Paris, Prag, Krakau, Wien und Venedig. Dass er oft als Buchdrucker beschrieben wurde, ist eine Verwechslung mit dem Buchdrucker Johann Fust, einem Partner und Widersacher Gutenbergs, kommt aber dem Legendären entgegen, denn auch der Buchdruck galt als eine geheimnisvolle Tätigkeit. Während Faust von der Kirche verteufelt wurde, erschien er dem einfachen Volk als Hoffnung und bewunderter Zauberer, der die unerfüllten Wünsche verwirklichen konnte. Daraus entstand die unbegrenzte und tief gehende Wirkung in Literatur und Kunst.

Der Urfaust

Goethe hat das Puppenspiel vom Faust mehrfach als Ausgangspunkt seiner Dichtung bezeichnet. Sicher hat er auch das Volksbuch frühzeitig gekannt; nachgewiesen ist, dass er es 1801 aus der Herzoglichen Bibliothek in Weimar entlieh. In das Stück sind Erlebnisse Goethes eingegangen; die Szene in Auerbachs Keller dürfte auf die Leipziger Studentenzeit zurückgehen. Goethe nennt Faust erstmals in seinem Lustspiel *Die Mitschuldigen* (1769) neben Richard III. und im Zusammenhang mit dem „vom-Teufel-geholt-werden".[26] Goethe las **geheimnisvolle Schriften**, beschäftigte sich mit Paracelsus, Heinrich Cornelius Agrippa von Nettesheim (*Über okkulte Philosophie*, 1533) und Swedenborg und studierte Gottfried Arnolds *Unparteiische Kirchen- und Ketzerhistorie* (1699/1700). Durch sie bekam er Vorstellungen von historischen Gestalten, die man für Ketzer hielt. In der Straßburger Zeit verbanden sich diese Themen mit eigenen Erlebnissen, einem Gefühl des Umhergetriebenseins. Danach quälte ihn die Schuld gegenüber der Sesenheimer Pfarrerstochter Friederike Brion, die er ohne Be-

---

26 Goethe: *Die Mitschuldigen*. In: BA 5, S. 52 f.

gründung und ohne Abschied im August 1771 verlassen hatte. Die Schuld bedrückte ihn sehr; schon im *Götz von Berlichingen* wollte er in der Gestalt Weislingens diese Schuld sühnen, nun bot sich ihm in der Beziehung von Faust und Gretchen eine weitere Möglichkeit, seine brüske Trennung zu sühnen. So entstanden **zwei Handlungsstränge**, die unabhängig voneinander abliefen und wenig Verbindung miteinander hatten: die Handlung des suchenden Gelehrten Faust, die Goethe aus dem Volksbuch entnahm, und die Tragödie Gretchens, die Goethes eigenem Erleben verpflichtet war. Während die beiden Handlungen im *Götz von Berlichingen* parallel abliefen, folgen sie im Faust einander bzw. die zweite Handlung ist nach der Hälfte der ersten Handlung als besondere dramatische Handlung eingefügt worden.

Neben den privaten Erlebnissen gingen **soziale Erfahrungen** in den *Faust* ein. Goethe wurde in Frankfurt Zeuge eines Prozesses gegen die Kindesmörderin Susanna Margaretha Brandt, die im Oktober 1771 zum Tode verurteilt und 1772 enthauptet wurde. Im Gedicht *Vor Gericht* (spätestens 1776, wahrscheinlich noch vor 1775) ließ der Jurist Goethe die Kindsmörderin in einem Rollengedicht sprechen und ihre Liebe verteidigen, auch wenn Pfarrer und Amtmann dazu nicht ihren Segen gegeben haben. Ihre Worte „Mein Schatz ist lieb und gut"[27] werden von Gretchen schon im *Urfaust* gesprochen: „Doch – alles, was mich dazu trieb,/Gott! war so gut! ach war so lieb!" (*Urfaust* V. 1266 f.). Der Vorgang ging in die Gretchen-Handlung des *Faust* ein und blieb dort als eine herausragende Thematik des Sturm und Drang, auch wenn Goethe während seines Weimarer Wirkens ein ähnliches Todesurteil befürwortete, das seinen literarischen Darstellungen widersprach.

---

27 Goethe: *Vor Gericht*, BA 1, S. 128

2.1 Entstehung und Quellen

Hans Sachs und der andere Faust

Im Frühjahr 1773 beschäftigte sich Goethe auch mit **Hans Sachs**. Er wurde für den *Urfaust* folgenreich, Sachs verwendete den **Knittelvers** in seinen Spielen und Gedichten. Dabei benutzte er einen gleichmäßigen vierhebigen Vers mit wechselnder Hebung und Senkung. Goethe nahm ihn auf, variierte aber die Zahl der Senkungen frei. 1776 entstand Goethes Gedicht *Erklärung eines alten Holzschnittes, vorstellend Hans Sachsens poetische Sendung.* Damit wurde **Hans Sachs** (1494–1576), ein Zeitgenosse Johann Fausts, wiederentdeckt; Wieland unterstützte Goethes Bemühungen, indem er im *Teutschen Merkur* nicht nur Goethes Gedicht, sondern auch Texte Hans Sachs' abdruckte. Das Gedicht auf Hans Sachs war Goethe während seiner Italien-Reise so wichtig, dass er es nicht nur ans Ende seiner Ausgabe der *Schriften* stellte, sondern es zeitweise als Grabrede für sich vorsah.[28] Auch später stand ihm Hans Sachs nahe.

Goethes Gedicht auf Hans Sachs erscheint wie **ein anderer Entwurf des Faust**. Faust beschwört die Geister und kommt schließlich zu Mephistopheles. Hans Sachs erscheinen in einer ähnlichen Situation („Er fühlt, dass er eine kleine Welt/in seinem Gehirne brütend hält,/Dass sie fängt an zu wirken und leben,/Dass er sie gerne möcht von sich geben."[29]) ein junges Weib, vertretend Tätig- und Ehrbarkeit, Großmut, Rechtfertigkeit, und ein altes Weiblein, die Historia, Mythologia, Fabula. Faust ähnlich ist er über seine Unfähigkeit verzweifelt, die Narren (die Menge) zu belehren („Wie er sich sieht so um und um,/Kehrt ihm das fast den Kopf herum;/Wie er wollt Worte zu allem finden..."). Da erscheint ihm die Muse, „heilig anzuschauen/Wie ein Bild unsrer Lieben Frauen". Statt der teuflischen Verführung geht Hans Sachs den **Pakt mit der**

---
28 Vgl. BA 2, S. 625
29 ebd., S. 69

himmlischen Muse ein. Dabei wird ihm auch „ein holdes Mägdlein" gezeigt, das er für sich gewinnt und mit dem er „glücklich lebt", bis das ihm ein „Eichkranz" zum nationalen Dichter erhebt.[30] Das Hans-Sachs-Gedicht ist von Bedeutung für das Verständnis des Faust, weil es die andere Möglichkeit zeigt: Nicht der Teufel, sondern die heilige Muse führt zur Unsterblichkeit.

1773 wussten die Freunde bereits vom *Faust*: Friedrich Wilhelm Gotter erbat sich das Stück im Sommer 1773. Goethe hatte ihm im Sommer 1773 die soeben erschienene zweite Fassung des *Götz von Berlichingen* geschickt. Gotter antwortete mit einem amüsanten Gedicht, in dem er das Stück kommentierte, und legte eigene Arbeiten bei, verbunden mit der Bitte:

> *„Wirst finden was von meiner Mus',/Und freut' mich recht von Herzensgrund,/Wenn Dir der Dreck gefallen kunnt'./Schick mir dafür den Doktor Faust,/Sobald Dein Kopf ihn ausgebraust."*[31]

Es ist **das früheste Zeugnis** dafür, dass 1773 den Freunden die Arbeit am *Faust* bekannt war und sie vermuteten, das Werk sei weit gediehen. Heinrich Christian Boie vertraute seinem Tagebuch am 15. Oktober 1774 an, Goethes *Doktor Faust* sei fast fertig. Karl Ludwig Knebel berichtete am 23. Dezember 1774 an Friedrich Justin Bertuch:

> *„Ich habe einen Haufen Fragmente von ihm, unter andern zu einem Doktor Faust, wo ganz ausnehmend herrliche Szenen sind. Er zieht die Manuskripte aus allen Winkeln seines Zimmers hervor."*[32]

---

30 ebd., S. 73 f.
31 Gotter: *Gedicht*. In: Goethe, BA, Bd. 2, S. 695
32 Bode, Bd. 1, S. 93

2.1 Entstehung und Quellen

Die Öffentlichkeit erfuhr durch den *Theater-Kalender auf das Jahr 1775* erstmals von dem Stück. Goethe legte im März 1775 Szenen des *Faust* Klopstock vor, die der wohlwollend aufnahm und darüber auch anderen beifällig berichtete. Im November 1775 brachte er den *Faust* mit nach Weimar. Er las die Dichtung vor, die Freunde waren begeistert.[33] Auch außerhalb Weimars wartete man gespannt auf das Stück.[34] Goethe arbeitete aber die ersten zehn Jahre in Weimar nicht mehr daran. Gedruckt wurde das Stück zu dieser Zeit nicht.

Faust. Ein Fragment

Als Georg Joachim Göschen 1786 eine achtbändige Ausgabe von Goethes *Schriften* plante, war auch *Faust. Ein Fragment* vorgesehen. Am *Faust* arbeitete Goethe in Italien weiter, im Februar 1788 schrieb er im Garten der Villa Borghese in Rom die Szene *Hexenküche*. Die Knittelverse wurden verstärkt im *Faust* verwendet, die Szene *Auerbachs Keller in Leipzig* wurde entsprechend aus Prosa in Verse umgeschrieben. Dennoch kam Goethe 1788 aus Italien zurück, ohne den *Faust* beendet zu haben, und so entschloss sich der Dichter 1789, das Stück als Fragment zu veröffentlichen. 1790 erschien es im 7. Band der *Schriften*. Die Ursachen für diesen **erneuten Abbruch** der Arbeit sind vielgestaltig. Einmal war die Rückkehr nach Deutschland ernüchternd und deprimierend. Aus dem „formreichen" Italien kam er „in das gestaltlose Deutschland zurück..., heiteren Himmel mit einem düsteren zu vertauschen; die Freunde, statt mich zu trösten und wieder an sich zu ziehen, brachten mich zur Verzweiflung ... ich vermisste jede

---

33 Friedrich Leopold Graf zu Stolberg am 6. Dezember 1775 an seine Schwester Henriette Gräfin von Bernstorff: „Einen Nachmittag las Goethe seinen halbfertigen *Faust* vor. Es ist ein herrliches Stück. Die Herzoginnen waren gewaltig gerührt bei einigen Szenen." Bode, Bd. 1, S. 148

34 Der österreichische Staatsmann Tobias Philipp Freiherr von Gebler, der selbst auch Dramatiker war, schrieb an Christoph Friedrich Nicolai am 9. Dezember 1775, er sei „begierig", den Faust zu sehen. Vgl. Bode, Bd. 1, S. 148

2.1 Entstehung und Quellen

Teilnahme, niemand verstand meine Sprache."[35] So wurde die Arbeit ein weiteres Mal abgebrochen, führte aber zur ersten Publikation eines *Faust*-Textes bei Goethe.

Dass *Faust. Der Tragödie Erster Teil* abgeschlossen wurde, hing mit der **Freundschaft zwischen Goethe und Schiller** zusammen.

Der Tragödie Erster Teil

Schiller drängte, mehr von dem Werk zu erfahren als das Fragment anbiete. Goethe lehnte es aber 1794 ab, das Manuskript aufzuschnüren. Schiller blieb hartnäckig, 1798 schrieb er an Cotta, den Verleger:

> *„Goethe hat an seinem Faust noch viel Arbeit, eh er fertig wird. Ich bin oft hinter ihm her, ihn zu beendigen, und seine Absicht ist wenigstens, dass dieses nächsten Sommer geschehen soll."*[36]

So wandte sich Goethe am 22. Juni 1797 wieder dem Manuskript zu. Nun entwarf er das Werk in seiner endgültigen Gestalt. Als 1800 erneut Stillstand drohte, stachelte Schiller den Verleger auf, „anlockende Offerten" zu machen und Goethe dadurch zum Abschluss zu zwingen.[37] Bis 1801 entstanden der Osterspaziergang, die Beschwörung des Mephistopheles und die Paktszene, die Walpurgisnacht und anderes. Es wurden vorhandene Merkmale des Sturm und Drang zurückgedrängt. Was einst als neu empfunden wurde, die Deutlichkeit der Prosa und ihre ungeglättete Natürlichkeit, erschien störend:

> *„Ein sehr sonderbarer Fall erscheint dabei (bei der Weiterarbeit am Faust, R. B.): Einige tragische Szenen waren in Prosa geschrieben, sie sind durch ihre Natürlichkeit und Stärke, in Verhältnis gegen das andere, ganz unerträglich. Ich suche sie*

---
35 Goethe: *Schicksal der Handschrift*. In: BA 8, S. 756
36 Bode, Bd. 2, S. 139
37 ebd., S. 161

2.1 Entstehung und Quellen

> *deswegen gegenwärtig in Reime zu bringen, da denn die Idee wie durch einen Flor durchscheint, die unmittelbare Wirkung des ungeheuern Stoffes aber gedämpft wird."*[38]

1800 schrieb Goethe an den Helena-Szenen, die später in den *Zweiten Teil* kamen. Noch deutlicher wird die Wendung vom natürlichen Schönheitsideal des Sturm und Drang zum klassischen antik-griechischen Charakter. 1802 zweifelte Schiller erneut am Abschluss und kündigte Cotta an, wenn es doch dazu komme, werden „seine Forderungen ... groß sein"[39]. Goethe sei vor allem rücksichtslos gegenüber den Verlegern und Buchhändlern, keiner sei mit ihm zufrieden und er sei mit keinem zufrieden gewesen: „Liberalität gegen seine Verleger ist seine Sache nicht."[40] Dass dann der *Erste Teil* doch noch fertig wurde, hing mit der dreizehnbändigen neuen Werkausgabe zusammen, die bei Cotta erscheinen sollte. Für sie schloss Goethe den *Ersten Teil* im April 1806 ab, der nach Verzögerungen durch die Zeitereignisse zur Ostermesse 1808 erschien.

Der Stoff und die Quellen

Im 17. Jahrhundert war das Faust-Thema zu einem festen **Bestandteil des allgemeinen Wissens** geworden. Weitergegeben ins 18. Jahrhundert und damit in die Zeit Goethes wurde es vor allem in drei Formen:

Faust-Bücher – volkstümliche Schauspiele – Puppenspiele.

---

38 Goethe am 5. Mai 1798 an Schiller. In: BA 8, S. 677
39 Bode, Bd. 2, S. 219
40 ebd.

Einige historische Quellen und Bearbeitungen des Stoffes vor Goethe:

Historia von D. Johann Fausten, dem weitbeschreiten Zauberer und Schwarzkünstler Hg. vom Frankfurter Verleger Johann Spies	1587
Christopher Marlowe: *Tragical History of Doctor Faustus* vielleicht	1588
Georg Rudolf Widmann: *Die wahrhaftigen Historien von den greulichen und abscheulichen Sünden und Lastern, auch von vielen wunderbarlichen und seltsamen Ebenteuren: So D. Johannes Faustus, ein weitberufener Schwarzkünstler und Erzzauberer, durch seine Schwarzkunst, bis an seinen erschreckliches End hat getrieben*	1599
älteste bekannte Marionettendarstellung	1666
Johann Nikolaus Pfitzer: *Das ärgerliche Leben und schreckliche Ende des vielberüchtigten Erzschwarzkünstlers D. Johannis Fausti*	1674
J. Stranitzky: *Leben und Tod Fausts*	1715
anonymer „Christlich Meynender": *Des durch die ganze Welt berufenen Erzschwarzkünstlers und Zauberers Doktor Johann Fausts mit dem Teufel aufgerichteten Bündnüs, abenteurlicher Lebenswandel und mit Schrecken genommenes Ende*	1725
verschiedene Puppenspiele, auch in der Nachfolge Marlowes; nachweisbar	1746
Gotthold Ephraim Lessing: *D. Faust* (Fragment) im 17. Literaturbrief	1759

2.2 Inhaltsangabe

Zueignung

Vor der *Tragödie. Erster Teil* stehen drei Texte. Der erste ist das am 24. Juni 1797 entstandene **Widmungsgedicht Zueignung.** Es ist nicht für den Leser gedacht, sondern ein Selbstgespräch des Dichters oder seine fiktive Ansprache an die Gestalten des Stücks ("Ihr naht euch wieder..."). Gleichzeitig wird mit dieser Eröffnung Geheimnisvolles und Unheimliches, das die Gestalt des historischen Faust umgibt, auf den Dichter und sein Stück übertragen, der seine Gestalten beschwört wie Faust die Geister. Elegische Züge, Trauer über eine verlorene Zeit, bestimmen das Gedicht. Erlebtes kann erinnert und als Kunstwerk erweckt, nicht aber nochmals gelebt werden. Zeitgenossen fanden darin einen bei Goethe unbekannten Ton: Die *Zueignung* sei "zu schön, und ein Himmelsfunken drinnen, den ich bisher in Goethes Gemüt nicht fand: ein weiches, inniges Gefühl, ein Zusammenhang mit abgeschiedenen Freunden, der in dem Himmelsdome von Goethes Geist nie fehlen konnte, wenn er auch zuweilen durch Erddünste versteckt war"[41]. Diese *Zueignung* ist "die **Tragödie in lyrischer Form.** Das elegische Thema der Zueignung sind die negativen Seiten des Liebes- und Wertverlusts"[42]. Solche Gedichte finden sich mehrfach in Goethes Schaffen. In ihnen tritt Wirklichkeit in Dichtung ein: Auch Dichtung ist Wirklichkeit. Ursprünglich hatte Goethe zur *Zueignung* korrespondierend ein Stanzengedicht *Abschied*, das als Epilog dienen sollte ("Am Ende bin ich nun des Trauerspieles,/Das ich zuletzt mit Bangigkeit vollführt...." BA 8, S. 549), und eine *Abkündigung* ("Den besten Köpfen sei das Stück empfohlen!/Der Deutsche sitzt verständig zu Ge-

---

41 Sophie Reimarus an Christine von Reinhard, Mitte April 1808. In: Bode, Bd. 2, S. 386
42 Gerhard Scholz, S. 101

richt.") geschrieben. Sie waren die Entsprechung zum *Vorspiel auf dem Theater*, denn es war üblich, dass eine Schauspieltruppe ihre Aufführung mit einem Wort an das Publikum in eigener Sache beendete. So wollte Goethe die mit dem Vorspiel eröffnete Rahmenhandlung zu Ende bringen. Beide Gedichte verwendete er schließlich nicht. –

Ein lyrisches Ich spricht die *Zueignung*. Es ist ein Gedicht in **Stanzen**, die in der deutschen Literatur selten, aber berühmt sind (ital. stanza = Zimmer, bedeutet: Reimgebäude). In romanischen Literaturen ist sie die bevorzugte Form für das Epos geworden; Wieland verwendete sie im *Oberon*. Sie wird im Deutschen meist aus acht jambischen Fünfhebern gebildet mit einer strengen Reimbindung aus zwei Terzinen und einem Reimpaar, das die Strophe zusammenfasst[43] (abababcc). –

Berichtet wird von der langen Entstehungszeit, aber auch von Verlusten, die schon eingetreten sind. Die Liebe zu Friederike Brion wird ebenso erinnert wie die Straßburger Freundschaften mit den „Guten", die „vor mir hinweggeschwunden" (V. 16). Das Gedicht stellt den Zusammenhang zwischen Erinnerung des Dichters und gegenwärtigem Kunsterlebnis auf der Bühne vor.

Der Zuschauer soll das Kommende distanziert betrachten. Ehe er sich der

Vorspiel auf dem Theater

theatralischen Handlung widmen kann, nehmen die das Wort, die eine Aufführung zu verantworten haben: Direktor, Theaterdichter und lustige Person. Damit tritt eine Art Verfremdung ein, denn der Zuschauer wird Zeuge, wie ein Stück ausgewählt und vorbereitet wird; die Bühne kann dadurch nicht mehr zur Illusionsbühne werden. Das ist ein außeror-

---

43 Goethes Stanzen der *Zueignung* haben die Besonderheit, dass die beiden abschließenden Verse der jeweiligen Stanze mit den anderen abschließenden Versen erneut eine achtversige Strophe bilden könnten – kenntlich gemacht auch durch das reihende „und", die eine Zusammenfassung insgesamt bildet.

2.2 Inhaltsangabe

dentlich moderner Zugriff zur Dramatik, die die 150 Jahre spätere Technik des epischen Theaters Brechts vorweg nimmt. Es wird die Situation einer Wanderbühne simuliert, die nach einem aufführbaren Stück sucht. Das Theater erscheint als gesellschaftliches Ereignis und als praktisch zu lösende Arbeit. Das Vorbild war das Vorspiel zu dem indischen Drama *Sakuntala* von Kalidasa, Goethe hatte es in der Übersetzung von Georg Forster 1791 kennengelernt.

Der Direktor der Wanderbühne erwartet vom Dichter ein der „Menge"(V. 37) gefallendes Stück, um möglichst hohe Einnahmen zu erzielen. Der Dichter muss um der Kunst willen gerade jene Menge vergessen, „bei deren Anblick uns der Geist entflieht" (V. 60). Am bemerkenswertesten ist die **„Lustige Person"**, die zu dieser Zeit durch Gottsched mit der Neuberin, nach Goethe durch „einen gewissen Halbgeschmack"[44], von der Bühne schon verbannt war. Goethe konnte sich jedoch auf den für ihn auch bei der Entstehung des *Götz von Berlichingen* wichtigen Justus Möser berufen, der 1761, verbessert 1777, den **Harlekin** verteidigte, denn ihn liebe das Volk.[45] Unter genau dieser Voraussetzung nimmt er an dem Gespräch teil. Jede der drei Gestalten steht für eine bestimmte Position Goethes, der selbst Theaterdirektor, Dichter und Schauspieler war – er spielte zum Beispiel den Orest in der Uraufführung seiner *Iphigenie auf Tauris*. In den Wanderbühnen war der Hanswurst noch anwesend, sonst wäre das Publikum ausgeblieben. Es wollte Unterhaltung, nicht Bildung. Goethe verteidigte den Harlekin (vgl. *Hanswursts Hochzeit*). Zeitgleich mit der Arbeit am *Urfaust* beklagte er in einem Brief an Salzmann, dass „Gottschedianismus, Sittlichkeit und Langeweile" im Theater herrschten, seit der Hanswurst vertrieben worden

---

44 Goethe: *Dichtung und Wahrheit*. In: BA 13, S. 610
45 Vgl. Justus Möser: *Harlekin, oder Vertheidigung des Groteske-Komischen*. Bremen 1777. Neudruck: Bad Homburg, 1968

sei.[46] Er hat auf ihn nie verzichtet und ihm noch im Rollengedicht von 1781 *Das Neueste von Plundersweilern* eine Existenz zugebilligt. Goethe trug es der Herzogin Anna Amalia vor, begleitet vom Hoftanzmeister als Hanswurst. Im *Vorspiel* verkündet die „Lustige Person" die künstlerischen Prinzipien, die für das Stück gelten sollen. Mit dem Satz „Greift nur hinein ins volle Menschenleben!" (V. 167) macht das Vorspiel die Bühne für das Stück frei. Am Ende des Vorspiels wird auf die **Dialektik als Prinzip des Denkens** und damit als Methode für das Verständnis des Textes hingewiesen. Die letzten beiden Verse lauten „Und wandelt mit bedächt'ger Schnelle/Vom Himmel durch die Welt zur Hölle." (V. 241 f.) Einmal ist es ein Widerspruch in sich, der durch Antonyme gebildet wird: Bedächtigkeit – Schnelle. Zum anderen ist es der nicht mehr überbietbare Gegensatz von Himmel und Hölle, zwischen dessen Polen die Erde steht, beeinflusst von beiden, korrespondierend mit beiden.

Stichwörter/wichtige Textstellen:
Die oft zitierte Anrufung der **schwankenden Gestalten** benutzt einen Begriff, den Goethe in naturwissenschaftlichen Schriften für die Unterschiede zwischen Morphologie (Gestaltlehre) und ständiger Veränderung verwendete. „Schwankend" beschreibt ewige Bewegung und Entwicklung, die es unmöglich mache, eine Gestalt als abgeschlossen und fest fixiert zu betrachten (Vgl. Goethe: *Zur Morphologie*)[47]. Umstritten ist der Vers **Mein Leid ertönt der unbekannten Menge.**[48] Goethes

---

46 Goethe: Dichtung und Wahrheit. In: BA 13, S. 1005
47 Goethe: Naturwissenschaftliche Schriften. In: Weimarer Ausgabe (WA) (1887–1919), II. Abteilung, Bd. 6, S. 9
48 Während die meisten Interpreten „Leid" anerkennen, tritt Buchwald entschieden für „Lied" ein, da die Vollendung des *Faust* doch keineswegs Leid gewesen sei. Vgl. Buchwald, S. 441.– Was dennoch auch für „Leid" spricht ist, dass Goethe kaum in drei Versen zweimal „Lied" verwendet hätte.

2.2 Inhaltsangabe

Sekretär Riemer hat nach Goethes Tod „Leid" durch „Lied" ersetzt; zu Goethes Lebzeiten weisen die meisten Ausgaben aber „Leid" aus. Beide Lesarten sind möglich, zumal Goethe auch bei anderen Gelegenheiten „Leid" so verwendete.

„Was glänzt, ist **für den Augenblick geboren.**/Das Echte bleibt der Nachwelt unverloren" (V. 73 f.) Das Vorspiel wimmelt von Zitaten, die in die Alltagssprache eingedrungen sind („Wer vieles bringt, wird manchem etwas bringen." V. 97). Der Vers beschreibt die Beziehung zwischen Schein und Sein und setzt auf die Zeit als Gutachter.

Prolog im Himmel

Die Handlung beginnt mit einem **Prolog** (Vorspiel). Die drei Erzengel berichten dem Herrn über den Zustand seiner Schöpfung und blicken dazu vom Himmel auf die Sonne, die Erde und die Naturgewalten; alles bestätigt den Willen des Herrn, der Ordnung geschaffen hat. Sie stimmen das Hohe Lied auf die Schöpfung und die Unergründlichkeit des Herrn an: „Und alle deine hohen Werke/Sind herrlich wie am ersten Tag." (V. 269 f.) Mephisto, er gehört zum himmlischen „Gesinde" (V. 274), hat sich eingefunden, um beim Herrn, im Gegensatz zu den Erzengeln, das irdische Treiben als misslungene Schöpfung zu kritisieren. Dazu berichtet er von den Menschen: „Von Sonn' und Welten weiß ich nichts zu sagen./Ich sehe nur, wie sich die Menschen plagen." (V. 279 f.) Der Herr, verwöhnt von der Huldigung der Erzengel, ist missmutig über Mephistos Kritik und geht mit ihm eine **Wette** ein: Faust, so meint der Teufel, verlasse den Herrn und folge ihm, sein Streben als sinnlos erachtend. Der Herr hält dagegen und vertraut der Dauer des himmlischen Werdens und seiner Schönheit. Die Wette trägt von Beginn an Mephistopheles' Niederlage in sich, denn der Herr gibt dem Teufel auf Faust nur so lange Einfluss, „Solang er auf der Erde lebt" (V. 315). Mit seinem Tode, das akzeptiert Mephisto, erlischt die Wette. Das kann bedeuten, dass die Seele von Beginn an von Gott in Anspruch genommen wird. Auch kann Mephistopheles nur eine Rolle in dem Spiel einnehmen, das nach den Regeln des Herrn verläuft. „Damit scheint von Anfang an ein Horizont versöhnender Harmonie fixiert, wenigstens für das Bewusstsein des Lesers."[49] – Das Gespräch zwischen dem Herrn und Mephisto über Faust ist angelegt wie das Gespräch Gottes mit dem Satan im Buch Hiob 1, 6–12 der Bibel. Goethe folgte diesem Gespräch bis in sprachliche Details (Faust ist Gottes „Knecht" (V. 299)) und gestand es Eckermann auch zu. Die Ähnlichkeit der Exposition des Faust mit Hiob sei ihm „ganz recht, und ich bin deswegen eher zu loben als zu tadeln"[50]. Diese Hiob-Beziehung war dem Publikum zuzumuten, da es mit der Bibel und dem Buch Hiob vertraut war.

Wer aber ist der Herr? Zwar deutet die Beziehung zum Hiob-Stoff darauf

> Der Herr

hin, dass der Herr Ähnlichkeiten mit Gott hat; aber er ist nicht mit ihm identisch. Der Herr ist eine Bühnengestalt, die die Personifikation eines universalen Schöpfers ist. Er ist die poetische Entsprechung für das philosophisch Denkbare und dabei der Inbegriff des Guten. Das aber ist nur begrifflich fassbar, da es auch das Böse, Mephistopheles, gibt. Der Herr ist ohne Mephistopheles nicht vorstellbar und umgekehrt. Mephistopheles und der Herr spiegeln sich andererseits in Faust. Die menschliche Existenz wird als irdische zwischen Himmel und Hölle und als eine in sich widersprüchliche Existenz beschrieben, in der dialektische Setzungen wie gut – böse ihre größte Spannung erreichen. Spannung oder Gespaltenheit, wie auch immer die menschliche Existenz beschrieben wird, der Prolog personifiziert diesen Zustand und lässt ihn so bildhaft und szenisch werden. Damit gibt er ein **Symbol für das**

---

49 Schmidt, S. 56
50 Eckermann, 18. 1. 1825

2.2 Inhaltsangabe

Werk, setzt die Handlung in Bewegung und vermittelt die Methode, das gesamte Werk zu erfassen. Indem die Einheit des Guten und des Bösen personell in den Herrn und Mephisto aufgespalten wird, kommt es zur dramatischen Handlung. Die drei wichtigsten Gestalten sind Personifikationen der größtmöglichen Spannung, wie sie am Ende des *Vorspiels auf dem Theater* genannt wurde: Himmel – Herr, Welt – Faust, Hölle – Mephisto. Da das Gute in fast allen Philosophien als Ziel der Entwicklung des Menschen angesehen wird, dominiert der Herr auch über Mephistopheles, ist aber andererseits nur durch ihn erkennbar. Dadurch dient Mephisto letztlich dem Guten oder ist sogar Teil des Guten in der Form, dass das Gute noch abwesend ist. Dieses Verständnis erinnert an Plato.

Stichwörter/wichtige Textstellen:
Der Herr überlegt zum **Menschen**: „Es irrt der Mensch, solang er strebt." (V. 317) und „Ein guter Mensch in seinem dunklen Drange/Ist sich des rechten Weges wohl bewusst." (V. 324 f.). Menschsein verbindet sich für den Herrn mit dauerndem Streben nach Erkenntnis und Wissen, nach unermüdlichem Vordringen in unbekannte Bereiche. Dabei sind Irrtümer nicht nur möglich, sondern Teil des Erkenntnisprozesses. Faust ist dem Herrn dafür ein geeignetes Beispiel. Davon gibt es nicht viele, denn Mephisto weiß anderes über die Menschen zu berichten, denen der Herr den „Schein des Himmelslichts gegeben" (V. 284): „Er nennt's Vernunft und braucht's allein,/Nur tierischer als jedes Tier zu sein." (V. 285 f.) Mephistos Beschreibung ist mit Einschätzungen Goethes identisch, der von der **Menge** nichts hielt, wie er den Dichter im Vorspiel auf dem Theater sagen lässt: „O sprich mir nicht von jener bunten Menge,/Bei deren Anblick uns der Geist entflieht." (V. 59 f.).

2.2 Inhaltsangabe

Faust sitzt in einem „hochgewölbten engen gotischen Zimmer: Die hohen Wölbungen regen die Beziehung zum Himmel an, die gotischen Bogen sind Ausdruck künstlerischer Größe – erinnert sei an Goethes Aufsatz *Von Deutscher Baukunst* (1772) –, die Enge zwingt zum Blick in die Höhe; die Architektur ist ein **Symbol des Makrokosmos**. Im Gegensatz zur himmelwärts strebenden Gotik ist Faust ein winziger Mensch, der die irdische Enge dieser Architektur als Kerker empfindet, zumal das „hohe Gewölb" (V. 404) mit Büchern und Instrumenten samt Hausrat vollgestellt worden ist. Mit Hilfe des Erdgeists will er sich befreien. Aus der Puppenspiel-Tradition kommt dieser Eingangsmonolog Fausts, der in allen Fassungen des Stückes vorhanden ist. – Der Zuschauer erlebt Faust als introvertierten Wissenschaftler, der mit seinen Erkenntnissen unzufrieden und zudem noch einsam ist. Daraus begründet sich der ausführliche Monolog. Er ist dramaturgisch die **Exposition** (Einführung) und entwickelt eine Selbsteinschätzung Fausts, mit der man allerdings vorsichtig umgehen muss, da sie Faust selbst ausgewählt und gestaltet hat. Zu glauben ist ihm, dass er erkennen will, „was die Welt/Im Innersten zusammenhält" (V. 382 f.). Das ist ein Zeichen dafür, dass Faust nicht den biblischen Schöpfungsgedanken akzeptiert, sonst würde er sich dieser Aufgabe nicht stellen. Gleichzeitig führt die Exposition auf das erregende Moment der **Beschwörung des Erdgeistes** hin. Goethe hat ihn als „Welt- und Taten-Genius" bezeichnet.[51] Nachdem sich der Erdgeist Faust verweigert und eine Begegnung zwischen Faust und seinem Famulus Wagner nochmals die Möglichkeiten Fausts nachvollziehbar macht – Wagner ist methodisch gesehen ein anderer Wissenschaftstyp: Er versucht, mit der Analyse der Quellen, nicht mit Magie

Der Tragödie Erster Teil. Nacht

---

51 Goethe. *Schema zur gesamten Dichtung*. In: BA 8, S. 560

2.2 Inhaltsangabe

zum Erfolg zu kommen –, spricht Faust seinen Monolog weiter, der wiederum in eine Beschwörung mündet, nunmehr aber eine, die auf Faust zielt. Faust will seine Grenzüberschreitung dadurch erzwingen, dass er sich das Leben nimmt: "Zu neuen Ufern lockt ein neuer Tag." (V. 701). Der Chor der Engel beschwört Faust durch seinen Gesang, vom Selbstmord Abstand zu nehmen. Erinnerung an die Kindheit wird zur Rettung: Faust, der wieder ganz irdisch wird, kann noch einmal beginnen. Ostern als Zeit der erwachenden Natur und die Kindheit sind die Symbole für seinen erneuten Ansatz. Gerettet von den Engeln steht er dem Spannungsraum von Himmel und Hölle gegenüber; Mephistopheles kann erscheinen.

So steht am Ende jedes Monologteils eine Beschwörung. Faust beschwört die Geister der Tiefe, er wird beschworen von den Engeln des Himmels. Die **Wettsituation** des Prologes im Himmel ist auf die Erde übertragen worden. Der Boden für die Wettsituation zwischen Faust und Mephisto ist vorbereitet. Die Entwicklung dahin vollzieht sich nach "seiner Lebensgesetzlichkeit, die durch Systole und Diastole bestimmt ist"[52]. Diese Zusammenziehung und Erweiterung, meist verwendet für den Rhythmus des Herzens, ist Ausdruck des Lebens.

Stichwörter/wichtige Textstellen:
"Wie Himmelskräfte auf und nieder steigen/Und sich **die goldnen Eimer** reichen!" (V. 449 f.): Ein Sinnbild des sinnvollen Wirkens verschiedener Kräfte wird beschrieben. Dabei verbindet Goethe zwei Vorgänge miteinander: Die alttestamentliche Jakobsleiter, auf der die Engel vom Himmel auf die Erde und zurück steigen, und die Eimerkette des Feuerlöschens. Wiederum wird die kosmische Harmonie als Dialektik von Himmlischem und Irdischem, auf und nieder, be-

---
52 Kobligk, S. 41

schrieben, denn nur aus den Gegensätzen entsteht sinnvoll Neues und Erkenntnis. Solche Ansichten waren verbreitet und dienten der bildhaften Vorstellung des Zusammenhangs von Makrokosmos und Mikrokosmos.[53] Die „goldnen Eimer" sind als „Schöpfeimer des Lichts" zu verstehen.[54] „Zeichen des Erdgeists" (vor V. 460): weist auf die Alchimie hin, nach deren Lehren jedes Gestirn einen bestimmten Geist hat, der bei Swedenborg von einer eigenen kugelförmigen Sphäre umgeben ist („An meiner Sphäre lang gesogen", V. 484). Paracelsus nannte den Geist für die Erde „Archeus terrae", Giordano Bruno „Anima terrae", Swedenborg „Telluribus" und Georg von Welling „Welt-Geist". Diese Naturwissenschaftler und Philosophen kannte Goethe; mit Swedenborg hatte er sich intensiv beschäftigt und folgte dessen Ideen von der **Mischung des Guten und Bösen** im Menschen im *Faust* nachdrücklich: „Der Mensch redet sich ein, alles Gute und Wahre, wie auch alles Böse und Falsche, stamme aus ihm selbst, und aus seiner Eigenklugheit heraus bestärkt er sich darin. ... Glaubte der Mensch der Wahrheit gemäß, dass alles Gute und Wahre vom Herrn und alles Böse und Falsche aus der Hölle stammt, er werde sich weder das Gute als Verdienst zurechnen noch das Böse zuschreiben und sich dessen schuldig machen."[55] Wagner zitiert einen damals verbreiteten lateinischen Spruch Senecas (Ars longa, vita brevis), der auf den Griechen Hippokrates zurückgeht, um seine Bildung zu demonstrieren: **„...die Kunst ist lang!/Und kurz ist unser Leben."** (V. 558 f.) Den gleichen Ausspruch verwendet Mephisto in der Paktszene ge-

---

[53] Vgl. Franciscus Mercurius van Helmont (1618–1699): *Paradoxal-Diskurse oder Ungemeine Meinungen von dem Macrocosmo und Microcosmo* (Hamburg dt. 1691). Goethe kannte die Schrift offenbar (BA 8, S. 806), in der die Vorstellung von der Himmelsleiter mit den auf- und absteigenden Lichtern (goldne Eimer) verbunden werden. Vgl. Friedrich, S. 86 und 186
[54] Vgl. Friedrich, S. 448
[55] Emanuel Swedenborg: *Er sprach mit den Engeln. Ein Querschnitt durch das religiöse Werk.* Ausgewählt und bearbeitet von Friedemann Horn. Zürich: Swedenborg-Verlag, 1997, S. 151

2.2 Inhaltsangabe

genüber Faust (V. 1787); auch er ist gebildet. – Fausts Monolog ist eine Reihung berühmter Zitate, darunter befindet sich auch **„Die Botschaft hör ich wohl, allein mir fehlt der Glaube"** (V. 765). Faust hört die Osterbotschaft, die Auferstehungsgeschichte, die ihn vom Freitod zurückhält. Die Chorstrophen enthalten den Auferstehungsvorgang des Neuen Testaments. Goethe hatte am Ostersonnabend 1798 ein Oratorium „Der Tod Jesu" gehört und vermerkte am Ostermontag in sein Tagebuch: „Faust wieder vorgenommen." Der Inhalt dieser Botschaft ist für Faust bedeutungslos, ihm fehlt der Glaube an die Botschaft ebenso wie der Glaube insgesamt. Faust fühlt sich selbst als Gott, kehrt aber unter dem Eindruck der Botschaft, die ihn an die glückliche Kindheit erinnert, vom Aufbruch ins Grenzenlose auf die Erde zurück: „Die Träne quillt, die Erde hat mich wieder!" (V. 784) Die Träne ist dabei das Symbol einer überwundenen Krise und einer beginnenden Heilung und war in der Bedeutung schon in der *Zueignung* verwendet worden.

Vor dem Tor — Mit Wagner unternimmt Faust einen **Osterspaziergang**. Faust betritt die Außenwelt und bekommt soziale Kontakte. Er wird begrüßt und geehrt. Verschiedene Stände und soziale Gruppen stellen sich geradezu revuehaft vor, ehe Faust und Wagner sie kommentieren. Was sie betrachten, erinnert an die Maskenzüge, für die Goethe Text und Ablauf am Weimarer Hof zu schreiben hatte. Goethe stellt alles in Gegensätzen dar. Aus den „Spaziergängern aller Art" (vor V. 808) werden Handwerksburschen, Dienstmädchen, Schüler und Bürgermädchen, – die Jungen –, die zwischen Bettlern und Bürgern – den Alten – stehen. Soldaten schließen die Revue und sichern den Bestand der sozialen Schichtung. Danach kann Faust sprechen. Die von ihm entwickelte Idylle ist brüchig. Das liegt an der Spießigkeit und Beschränktheit der Bürger, die ihre größte Freude dann haben, „wenn hinten, weit, in der Türkei,/Die Völker aufeinander schlagen./Man steht am Fenster, trinkt sein Gläschen aus/Und sieht den Fluss hinab die bunten Schiff gleiten" (V. 862 ff.). Diese Meinung wird von einem weiteren Bürger bestätigt: Der Tod anderer ist bedeutungslos, die Wirren der Welt ebenfalls, „doch nur zu Hause bleib 's beim Alten" (V. 871). Faust setzt seinen Monolog fort, nunmehr mit einer veränderten Zielrichtung. Nicht mehr der Tod steht zur Debatte, sondern das Leben. Ostern erscheint in seinem doppelten heidnisch-christlichen Sinne als die Wiedergeburt des Lebens, dem Faust ein soziales und philosophisches Programm gibt. Das sich in der erwachenden Natur ergehende Volk stimmt mit der Natur überein, die sein „wahrer Himmel" ist (V. 938), und den Einzelnen zum Menschen macht. Ob Faust das auf sich bezieht, bleibt offen, denn der berühmte Vers „Hier bin ich Mensch, hier darf ich 's sein!" (V. 940) ist das zufriedene Jauchzen von „Groß und Klein" (V. 939), nicht die Selbstbestimmung Fausts.

Beim **Osterspaziergang** irrt Faust jedoch ebenso wie später mehrfach in seinen Entwürfen: Was er zu sehen meint, ist pure Äußerlichkeit und entspricht seinem Zustand des Wiedereintritts ins Leben. Der historische Hintergrund – es ist die Zeit des Bauernkriegs, der Reformation und der Türkenkriege (1526 besiegen die Türken ein ungarisch-böhmisches Heer, 1529 wird Wien belagert), – ist anders und lässt das Volk leiden. Wem es gut geht, der interessiert sich nicht für die Leiden wie die bereits genannten Bürger. Faust durchschaut ihre Beschränktheit, Gleichgültigkeit und Gefühllosigkeit nicht und erblickt nur die „lustigen Nachen" (V. 932). Wagner dagegen sieht das Volk scharfsinnig „wie vom bösen Geist getrieben" (V. 947). Bestätigt wird Faust durch die Bauern und ihre Harmonievorstellungen: „Bauern unter der Linde. Tanz und Gesang." (vor V. 949). Das Leben der Bauern ist nicht von dem Anspruch Fausts geprägt, sondern von derb-rustikaler Natürlichkeit. Hier schlägt sich Goethes **Interesse für die Volkslieder** und das Leben des Volkes nieder. Unter dem ländlichen Volk haben sich menschliche Umgangsformen erhalten, die nicht modern wie die der Bürger sind, aber angenehm. Sie werden indessen den Angriffen der modernen Welt nicht Widerstand leisten können und deshalb vergehen. Goethe, der diese Traditionen während seines Aufenthaltes in Straßburg suchte und aufnahm, setzt ihnen hier ein dauerndes Denkmal. – Faust spricht zu Wagner über seinen Vater, der Arzt war und sich der Alchimie verschrieben hatte. Ein alter Bauer hatte ihn ehrenvoll erwähnt.[56] Während Faust Erwartungen entwirft, die nicht mehr mit menschlichem Vermögen verwirklicht werden können, beruft sich Wagner („...solchen Trieb hab ich noch nie empfunden", V. 1101) auf die sorgfältige wissenschaftliche Arbeit mit Buch und Pergament. Faust möchte fliegen können, ein Zaubermantel solle ihn in fremde Länder tragen. Als er die Wünsche äußert, streift ein „schwarzer Hund durch Saat und Stoppel" (V. 1147), der sich zu ihnen gesellt. Wagner hält ihn für unwichtig; Faust ahnt seine Bedeutung. Es ist Mephisto, Faust hat die Angriffspunkte für die Wette geboten. Wagner wird solcher Verführung nie ausgesetzt sein, da er nur den wissenschaftlichen Quellen folgt.

Stichwörter/wichtige Textstellen:
Fausts **Osterspaziergang** „Vom Eise befreit sind Strom und Bäche..." (V. 903 ff.) ist in seiner Gesamtheit verbreitetes Lernobjekt und beliebter Werbetext (vgl. Parodien, S. 126 f.). Da-

---

[56] In die Figur von Fausts Vater sind verschiedene Vorgänger eingeflossen. Faust stammte möglicherweise aus einer bäuerlichen Familie. Paracelsus' Vater war dagegen Arzt und ein Lehrer Fausts. Auch wurde an Johann Friedrich und seinen Sohn Christoph Wilhelm Hufeland gedacht, die in Weimar als Seuchenärzte Großes leisteten. Sie setzten Quecksilberpräparate ein, wie sie von Faust in den Versen 1042 ff. beschrieben werden, und sahen deren Gefährlichkeit erst nach Misserfolgen ein.

2.2 Inhaltsangabe

neben sind die Verse Fausts **"Zwei Seelen wohnen, ach! in meiner Brust,/Die eine will sich von der andern trennen"** (V. 1112 f.) Hinweis auf die Spannung, in der Faust lebt. Die beiden Seelen stehen für die sinnliche, irdische und triebhafte Welterfahrung und die geistige, überirdische und höhere Welterfahrung. In der Verbindung beider entsteht Menschsein. Goethe konnte sich bei diesem dialektischen Verständnis des Menschen auf die dualistische Lehre der alten Griechen (Xenophon) von der Seele berufen und wurde von Wieland angeregt. Durch B. Bekkers *Bezauberte Welt* (dt. 1693) erfuhr er 1800/01 von der Lehre der Manichäer, dass jeder Mensch zwei Seelen habe, die sich einander bekämpften. Schon Mephisto hatte gegenüber dem Herrn im *Prolog* Faust dual beschrieben: „Vom Himmel fordert er die schönsten Sterne/Und von der Erde jede höchste Lust" (V. 304 f.). Die Spannung zwischen den beiden Seelen ist nicht aufhebbar, würde das doch den Tod bedeuten; aber sie kann als Einheit verstanden werden. Goethe fand in *Faust II* dafür den Begriff der „geeinten Zwienatur" (V. 11962).

Faust setzt, in sein Studierzimmer mit dem Pudel zurückgekommen, seinen Monolog fort und versucht seine Arbeit, eine Bibelübersetzung, weiterzuführen. Die Szene erinnert an Luther, der als Junker Jörg auf der Wartburg das Neue Testament übersetzte. Der Pudel wird dabei unruhig. Faust tritt ihm als Meister der Magie gegenüber, ohne Erfolg zu haben. Nun weiß Faust, dass der Hund ein höllisches Wesen ist. Er beschwört es mit dem Kruzifix und mit dem „dreimal glühenden Licht" (V.1319), dem Zeichen der heiligen Trinität. Mephistopheles erscheint, „gekleidet wie ein fahrender Scholastikus" (vor V.1322); er kann das Zimmer nicht verlassen, ein **Pentagramm** scheint das zu verhindern. Ein Winkel nach außen war zwar offen

Studierzimmer

2.2 Inhaltsangabe

und so konnte er ins Zimmer gelangen, aber die anderen Winkel sind geschlossen und verhindern den Weggang. Faust, als er erkennt, dass auch in der Hölle Recht und Gesetz herrschen, schlägt einen Pakt vor; Mephisto bietet seine Dienst an. Als er später das Zimmer verlässt, um den Pakt vorzubereiten und sich für die Weltreise modisch als Junker „In rotem, goldverbrämten Kleide" (V. 1536) umzuziehen, muss eine Ratte die Spitze des Pentagramms nagend öffnen.

Faust versinkt in einen Traum, in den Schlaf gesungen von Geistern, die Faust eine **arkadische Landschaft** suggerieren, die ein Gegenstück zur gotischen Architektur („Wölbungen", V. 1448) und zur Landschaft des Osterspaziergangs ist. Sie ist lieblich, inselhaft, heiter und gesellig; die Menschen in ihr sind bei Liebes- und Gesellschaftsspielen, bei Tanz und Zerstreuung, nicht aber bei Arbeit und Erkenntnisstreben. Mephisto versucht ein anderes Programm für Faust aufzulegen.

Faust erwacht aus dem Traum, Mephistopheles kehrt zurück. Erst im *Ersten Teil* gibt es die nun beginnende Pakt-Szene zwischen Faust und Mephistopheles. Im *Urfaust* war sie noch nicht vorhanden; die Beziehung zwischen Faust und Teufel war zufällig entstanden. Im *Fragment* hatte es einen einzigen Satz gegeben, der erkennen ließ, dass es einen Pakt gegeben hatte („Und hätt er sich auch nicht dem Teufel übergeben,/Er müsste doch zugrunde gehn!" Fragment, V. 345 f.) – Vor dem Pakt sagt sich Faust mit Flüchen von früheren Bildungserlebnissen und Traditionen los: von der Welt der Griechen, vom Christentum und seinem Wertekanon Glaube, Liebe, Hoffnung, vom Wohlleben, von Schönheit und Besitz, von "kühnen Taten", von der Kindheit und vor allem von „der Geduld" (V. 1606). **Kernstück der Wette** ist, dass Mephisto „hier" Faust zu Diensten sein will, während Faust ihm „drüben" Gleiches tun soll. Faust, für den es kein Drüben gibt („Das Drüben kann mich wenig kümmern", V. 1660), kann deshalb die Wette eingehen. Er verlässt sich auf seinen Erkenntnisdrang, dass er anbieten kann:

> „Werd ich zum Augenblicke sagen,/Verweile doch! du bist so schön!/Dann magst du mich in Fesseln schlagen,/Dann will ich gern zugrunde gehn!" (V. 1698 ff.)

Für Faust wird es den erfüllten Augenblick nicht geben, da er fortwährend nach neuen Erkenntnissen strebt. Auch wird es für den Wissenschaftler Faust, der nach dem Wahren strebt, nichts Schönes, also Künstlerisches, als Erfüllung geben. Mephisto aber versucht, Faust diesen erfüllten Augenblick zu verschaffen. In der Wette liegt dennoch ein tragisches Moment Fausts begründet. Er will als Mensch die Grenzen der Erkenntnismöglichkeiten überschreiten, sich menschlich vollenden, und muss dazu den Teufel bemühen.

Die Szene wird im akademischen Bereich mir der **Schüler-Szene** fortgesetzt, scheinbar nahtlos an die Szene mit Wagner anknüpfend. Nur steht an der Stelle Fausts der Teufel: Zum Professor tritt der Schüler. Mephisto unterweist den Schüler in den vier Fakultäten voller Ironie und Satire, um schließlich die Medizin als Verführung der „Weiber" (V. 2023) zu empfehlen. Statt Wissenschaft werden Täuschung („wenn ihr halbweg ehrbar tut"), statt Diagnose Verlockung („Versteht das Pülslein wohl zu drücken"), statt Therapie Lust („fasset sie, mit feurig schlauen Blicken,/Wohl um die schlanke Hüfte frei") empfohlen. Es wird deutlich, womit Mephisto Wissenschaftlichkeit verdrängen will: Er weist auf Lebensgenuss hin, gefasst in die Maxime **„Grau, teurer Freund, ist alle Theorie/Und grün des Lebens goldner Baum."** (V. 2038 f.). Bei diesem Spruch sollte nicht vergessen werden, dass es sich um ein Teufelswort handelt.

2.2 Inhaltsangabe

Faust, der sich inzwischen umgekleidet hat, und Mephisto brechen in die „kleine" Welt auf (V. 2053), zum „neuen Lebenslauf" Fausts (V. 2072). Dazu dienen ihnen teuflische Mittel wie der fliegende Mantel.

Stichwörter/wichtige Textstellen:
Mephisto antwortet Faust auf die Frage, wer er sei: **„Ein Teil von jener Kraft,/Die stets das Böse will und stets das Gute schafft."** (V. 1335 f.) und **„Ich bin der Geist, der stets verneint!"** (V. 1338). Als Faust nochmals insistiert und nach dem Teil fragt, der Mephisto sei, erläutert der: **„Ich bin ein Teil des Teils, der anfangs alles war/Ein Teil der Finsternis, die sich das Licht gebar"** (V. 1349 f.). Faust erkennt mit seinem dialektischen Sinn die Bedeutung und ist deshalb weder ängstlich noch irritiert über den Teufel. Er muss Mephisto als erwünschte Ergänzung betrachten: So wie Mephisto sich zum Teil bekennt, so will Faust das Ganze erfahren. – Unterschiedliche Weltentstehungsmythen standen Pate. Nach antiker Vorstellung (Hesiod *Theogonie*) entstanden aus Chaos und Nacht das Licht, nach christlicher Vorstellung ebenfalls. Luzifer fiel von Gott ab und so entstand der Widerspruch. Faust wendet diese Vorstellung auf Mephisto an und nennt ihn „des Chaos wunderlichen Sohn" (V. 1384). – Mephisto verweist auf die **Kraft des Guten und Bösen**, von der er ein Teil sei. Er ist das Böse, er wünscht das Chaos und die „Mutter Nacht" (V. 1351) zurück. Aber ohne die Erinnerung an das Chaos wäre nicht der Willen zur Entfernung davon und zur Ordnung vorhanden, ohne das Böse gäbe es kein Gutes. Mephisto ist immer die andere Seite, die Negation. Da der Mensch sich zum Guten entwickelt, das Gesetz der Natur ein dialektisches Werden und Vergehen ist, muss Mephisto das Böse wollen, um sich immer wieder zu rechtfertigen, betreibt aber dadurch

die Entwicklung zum Guten. Das Gute ist das Beherrschende, das Böse

Die beiden Teile „jener Kraft"

kann sich letztlich nicht durchsetzen. Damit wäre auch eine andere Lesart möglich, dass mit der Kraft (Herr und Mephisto) beides gemeint ist; während aber nur das Böse gewollt wird (Mephisto), setzt sich das Gute am Ende immer durch (der Herr). Mephisto und Herr sind die Teile „jener Kraft". – Faust, der nun Mephisto fragt, wer er selbst sei, bekommt von diesem zuerst Versatzstücke angeboten, die Beschränkung signalisieren: Eine Bildungsweisheit Wagners wird wiederholt („Die Zeit ist kurz, die Kunst ist lang." V. 1787), die sinnliche Welt des Hanswurst wird genannt („Herr Mikrokosmos", V. 1802). Faust, der von den Geistern schon als „Halbgott" (V. 1612) bezeichnet worden war, erwartet, von Mephisto zum Gott erhoben zu werden, hört aber von seiner irdischen Beschränktheit: **„Du bist am Ende – was du bist."** (V. 1806) und „Du bleibst doch immer, was du bist." (V. 1809). Sein Menschsein verwehrt ihm das Erlebnis des „Ganzen" (V. 1780); nur der Dichter kann sich *vorstellen*, was Faust *durchleben* will.

In dem Leipziger Lokal vertreiben sich „lustige Gesellen", die studentischen

Auerbachs Keller in Leipzig

Kommers (Trink- und Saufgelage nach Regeln[57]) pflegen, den Abend. Sie tragen alle „Biernamen" (Frosch, Siebel, Brander, Altmayer). Die Szene setzt jene Handlung fort, die mit dem Monolog Fausts angefangen hatte und mit der Schülerszene fortgesetzt wurde. **Die akademische Welt** ist erstarrt, inhaltslos und bringt keine neuen Erkenntnisse ein. Die Wissenschaften sind sinnentleert und oberflächlich. Die Studenten sind ebenso betrunken wie säuisch; ihre Dummheit lässt nur

---

57 Einige der Regeln werden genannt: Runda singen – einen Rundgesang mit dem Kehrvers „Runda dinelle" singen; einen Papst erwählen – Mannbarkeit- und Saufzeremonie, um den höchsten Rang „Papst" zu verleihen

Platz für nationalistisches Denken. Teuflischem Einfluss ausgesetzt werden sie schnell rabiat: „Ein echter deutscher Mann mag keinen Franzen leiden" (V. 2272). Im Alkoholrausch werden sie geradezu tierisch: „Uns ist ganz kannibalisch wohl,/Als wie fünfhundert Säuen." (V. 2294) Mephisto versorgt die Studenten mit Wein – im *Urfaust* tut Faust das – und weist Faust unter Anspielung auf dessen Monolog während des Osterspaziergangs darauf hin: „Das Volk ist frei, seht an, wie wohl 's ihm geht!" (V. 2295). Faust ist enttäuscht. Andererseits öffnet ihm Auerbachs Keller den Blick für die Menge, die er während des Osterspaziergangs noch idyllisiert sah. Es verschlägt ihm geradezu die Sprache und er hat „Lust, nun abzufahren" (V. 2296). Aber Mephisto will ihn erst noch die „Bestialität" dieser Freiheit erleben lassen. Faust wird in Auerbachs Keller weniger von Mephisto verführt, als dass er die akademische Welt in einem Zerrspiegel sehen kann, um sich aus ihr zu verabschieden. Die Szene bereitet die Hexenküche und Walpurgisnacht vor; einer der Zecher (Siebel) spricht vom Blocksberg (V. 2113), von wo „ein alter Bock" komme und, sexuell vom Blocksberg ausgelaugt, gerade genug für sein Liebchen sei, das ihn angeführt hat.

Stichwörter/wichtige Textstellen:
Frosch, das ist der Biername eines Studenten, reagiert auf die Ankunft Fausts und Mephistos mit den Worten **„Mein Leipzig lob ich mir!/Es ist ein klein Paris und bildet seine Leute."** (V. 2171 f.). Nachdem zuerst Berlin als Klein-Paris bezeichnet wurde, sagte man es seit 1768 auch für Leipzig. In Leipzig war man stolz darauf; Goethe sah Leipzig ähnlich (vgl. *Dichtung und Wahrheit*, 2. Teil, 6. Buch). Paris war ein Ziel der so genannten Bildungsreisen und galt zu der Zeit als Mittelpunkt der (europäischen) Welt.

2.2 Inhaltsangabe

Hexenküche

Faust tritt erstmals in die Sphäre Mephistos und damit in eine Gegenwelt zu der seinigen ein, um sich zu verjüngen. Er wandelt sich vom Wissenschaftler in einen jungen Liebhaber. Gleichzeitig zeigt Mephistos Wirkungskreis die anderen Möglichkeiten der Entwicklung: das Tier als Alternative zum Menschen. Würde der Mensch mit den Tieren leben, wäre das, nach Mephisto, „das beste Mittel" (V. 2361), um auf achtzig Jahre zu kommen. Da das nicht der Sinn sein kann, kommt nur Zauber in Frage. Vor dem Höhepunkt der **Verjüngung** aber erscheint Faust „das schönste Bild von einem Weibe" (V. 2436) und drängt damit auf die Veränderung: Es wird die nackte Helena, die leibhaftige Schönheit in all ihrer Sinnlichkeit, als Venus-Entsprechung im Zauberspiegel eingeführt. Dazu gehörte ursprünglich eine Szenenfolge, die später in *Faust II* einging. Hier bleibt nur die erste Begegnung Fausts mit der schönen Frau. Der Verjüngungstrank wird zum Liebestrank. Die Helena-Handlung gehört zu den ältesten Konzeptionen. Am 22. Oktober 1826 schrieb Goethe an Sulpiz Boisserée: „Die *Helena* ist eine meiner ältesten Konzeptionen, gleichzeitig mit *Faust*, immer nach *einem* Sinne, aber immer um- und umgebildet."[58]

In der Vorbereitung der Verjüngung kommt es zu mehr oder weniger sinnvollen Beschwörungs- und Zaubersprüchen der Hexe und ihrer Tiere. Darunter befindet sich auch das Hexeneinmaleins (vgl. V. 2540 ff.), das Goethe gegenüber seinem Sekretär Eckermann als „dunkele Sprache" bezeichnete (28. März 1827). Dahinter verbirgt sich jedoch ein traditionelles **magisches Quadrat**, das Planetensiegel Sigillum Saturni:

10	2	3
0	7	8
5	6	4

---

[58] BA 8, S. 693

2.2 Inhaltsangabe

Die Quersumme beträgt stets 15, alle 9 Zahlen sind Eins (ein Quadrat). Damit sind alle Zahlen von 0–10 vertreten. – Mephisto nutzt diese Beschwörung, um gegen die Dreifaltigkeit (Vater, Sohn, Heiliger Geist) zu polemisieren, die „Durch Drei und Eins, und Eins und Drei/Irrtum statt Wahrheit zu verbreiten" suchte (V. 2561 f.). Wörtlich sagte Goethe am 4. Januar 1824 über Gott und die frommen Seelen zu Eckermann, es habe ihm widerstrebt zu glauben, „dass Drei Eins und Eins Drei sei. – Das Verjüngungsmittel bewirkt, dass Faust nicht nur Helena liebt, sondern „mit diesem Trank im Leibe,/Bald Helenen in jedem Weibe" sieht (V. 2603 f.). Der Eintritt in die Gretchenhandlung ist vorbereitet. Wie auch immer Gretchen aussehen und sein wird, sie ist für Faust einer Helena ähnlich.

Stichwörter/wichtige Textstellen:
Fausts Verjüngungstrank lässt als Liebestrank ihn „**Bald Helenen in jedem Weibe**" (V. 2604) sehen. Faust hatte zuerst im Zauberspiegel „Das schönste Bild von einem Weibe" mit „hingestrecktem Leibe" gesehen. Der Faust der Sage und des Volksbuchs begehrte Helena, die schöne Königin von Sparta, verheiratet mit Menelaos und Anlass zum Trojanischen Krieg. Noch wird der Name von Faust nicht genannt, aber das Erlebnis der schönsten Frau begleitet den gesamten Verjüngungsprozeß. An dessem Ende erklärt Mephisto, dass Faust mit dem Verjüngungstrank die schöne Helena in jedem Weibe erkennen werde. Gretchen wird zur Helena-Variation.

Gretchen-Handlung
Straße

Faust spricht Margarete auf der Straße einer kleinen Reichsstadt[59] nach ihrem Dombesuch an und bietet dem „Fräulein" dreist „Arm und Geleit" (V. 2606). Das ist für die Zeit unziemlich, ja beleidigend und muss Margarete verwir-

---
59 Goethe plante eine Einleitung zur Gretchen-Tragödie, von der Reste erhalten sind (Paralipomenon 38). Vgl. BA 8, S. 569

ren. (Die Szene erinnert an des Prinzen von Guastalla Begegnung mit Emilia Galotti nach deren Besuch der Messe in Lessings *Emilia Galotti* (1772), das Stück kannte Goethe genau.) Faust tituliert sie mit „Fräulein", was ihr nach der strengen ständischen Ordnung nicht zusteht. Nur Adlige durften so angesprochen werden, bürgerliche Mädchen werden mit „Jungfer" angeredet. – Als sich Margarete Faust entzieht, beauftragt er Mephisto, ihm das Mädchen zu verschaffen. Dass es Faust um das schnelle erotische Erlebnis ohne ernsten Hintergrund und die Befriedigung sexueller Wünsche geht – Folge der Verjüngung in der Hexenküche –, wird in seiner Bemerkung deutlich, hätte er Zeit, brauchte er den Teufel nicht, „So ein Geschöpfchen zu verführen" (V. 2644). Mephisto verspricht, Faust in Margaretes Zimmer zu bringen.

Stichwörter/wichtige Textstellen:
Faust reagiert auf die Begegnung mit Gretchen **„...dieses Kind ist schön!/So etwas hab ich nie gesehn."** (V. 2609 f.) und irrt sich damit: Er kommt aus der Hexenküche, wo er gerade die schönste Frau gesehen hat, die für ihn zum erstrebenswerten Ziel geworden ist. Mephistos Prophezeiung geht in Erfüllung: Faust sieht die schöne Helena nun in Gretchen, das vielleicht Recht hat, wenn es von sich sagt „Bin weder Fräulein, weder schön" (V. 2607).

Margarete sinnt über die Begegnung mit dem Herrn „aus einem edlen Haus" nach (V. 2681). – Faust erlebt in ihrem Zimmer einen völligen Wandel, erkennt in Gretchen die Schönheit als Einheit von Anmut und Natur und fühlt sich gerührt. Doch löst er sich trotz der aufbrechenden Liebe nicht vom Verführungswunsch, Mephisto darf den teuflischen Schmuck als Mittel der Verführung bei Margarete verstecken. – Gretchen ist von

Abend

2.2 Inhaltsangabe

Faust beeindruckt. Ihre Gefühlswallungen verraten es (ihr ist schwül, obwohl es draußen nicht warm ist). In der **Ballade vom König in Thule** ist ihre Sehnsucht nach der großen Liebe, zu der auch Hingabe gehört, zu erkennen. Sie besingt die Treue des Königs zu seiner Buhle, der Geliebten.[60] Erst in der Szene *Am Brunnen* wird die Sprengkraft des Liedes deutlich werden, wenn Lieschen vom Schicksal Bärbelchens berichtet, das schwanger ist. Lieschen bedauert Bärbelchen nicht, denn während sie selbst nachts am Spinnen war, „Stand sie bei ihrem Buhlen süß" (V. 3565) – Dass Gretchen dazu verführbar ist, erweist sich, als sie den Schmuck anlegt, nachdem sie Mephistos Kästchen gefunden hat.

> **Stichwörter/wichtige Textstellen:**
> Faust findet in Gretchens Zimmer, „In diesem **Kerker** welche Seligkeit" (V. 2694). Das als „Kerker" bezeichnete Zimmer ist klein, aber reinlich und ordentlich, durchaus angenehm, selbst den Streusand auf dem Fußboden hat Gretchen schön geformt. Es wirkt mütterlich und wie ein „Heiligtum" auf Faust. Auch er sah sich zu Beginn im „Kerker". Der ist nicht als Gefängnis zu verstehen, sondern als Widerspruch zwischen den Bedingungen und den Ansprüchen, den Normen und den Möglichkeiten.

Spaziergang

Mephisto wird zum ersten Mal geprellt und lässt seiner Wut freien Lauf: Gretchens Mutter hat den Schmuck zu einem Priester geschafft; der Kirche kommt nun Teufelswerk zugute. Die Szene ist voll triefender Ironie, denn auch der Pfaffe, den Mephisto beschreibt, ist zwiespältig, weiß um der Kirche Verbrechen

---

60 Der Begriff „Buhle, Buhlin" erlebt zu Goethes Zeit einen Bedeutungswandel. In der Ballade vom König in Thule ist „die Buhle" die neutrale und keinesfalls abwertende Bezeichnung für des Königs Geliebte. Andererseits bestimmte eine 1765 veröffentlichte Frankfurter Polizeiordnung, dass „die gemeinen armen dirnen und sust (sonst) offentliche bulerin in dieser stadt keine güldener oder vergülte Ketten" tragen durften. Vgl. Friedrich, S. 219

("Hat ganze Länder aufgefressen" V. 2837) und ihren Umgang mit „ungerechtem Gut". Faust fordert von Mephisto einen neuen Schmuck; es wird deutlich, er will Gretchen nicht gewinnen, sondern kaufen.

Der Nachbarin Haus

Die Nachbarin Marthe beklagt ihr Schicksal, denn ihr Mann hat sie allein auf dem Stroh, also im Bett, gelassen. Marthe erscheint mit den ersten Worten als eine sinnliche Frau. Bei ihr sucht Gretchen Unterstützung, nachdem sie ein zweites Schmuckkästchen gefunden hat. Beide wollen nichts der Mutter sagen und so den Schmuck für Gretchen erhalten. Eitelkeit und Putzsucht sind an Gretchens Verhängnis beteiligt. Mephisto tritt mit ironisch-satirischen Auskünften über Frau Marthes Mann hinzu („Ihr Mann ist tot und lässt sie grüßen." V. 2916) und geht mit Gretchen ebenfalls wie mit einem „Fräulein" um (V. 2906). Bald wird allerdings deutlich, dass der Begriff für ihn doppeldeutig ist: Als er Frau Marthe vom Tod ihres Mannes erzählt, weiß er auch von einem „schönen Fräulein" zu berichten (V. 2981), das nichts anderes als eine Hure war. Mit der Auskunft, er könne einen zweiten Zeugen bringen, der den Tod des Ehemanns Frau Marthes bestätige, – damit wäre Frau Marthes dringlicher Wunsch nach einem Totenschein erfüllt –, erreicht er ein Treffen am Abend im Garten.

Stichwörter/wichtige Textstellen:
Mephisto tröstet Frau Marthe über den Tod ihres Mannes mit **„Freud' muss Leid, Leid muss Freude haben."** (V. 2923). So abgeschmackt und formelhaft das wirkt, es zeigt, dass Mephisto wie Faust die dialektische Methode beherrscht und argumentativ mit ihr umgehen kann.

Straße

Mephisto verlangt von Faust, den Tod des Herrn Schwerdtlein, Frau Marthes Mann, zu bestätigen. Als dieser ablehnt, weist Mephisto auf

2.2 Inhaltsangabe

Fausts wissenschaftliche Definitionen hin, die auch nichts anderes als „falsch Zeugnis" gewesen seien (V. 3042). Faust wird Mephistos Wunsch erfüllen und so zu Gretchen gelangen.

Garten

Zwei Paare, Marthe Schwerdtlein und Mephisto, Gretchen und Faust, treffen sich, beraten dringliche Angelegenheiten abwechselnd und erklären sich einander: Margarete und Faust ihre Liebe oder ihr Verlangen, Marthe versucht Mephisto einzufangen. Margarete erzählt Faust von ihrer kleinen Schwester, die früh verstarb. Ihre Liebe und ihr Verständnis für Kinder werden deutlich; es ist die Basis für die Beurteilung ihres späteren Kindesmords. Die Konstellation der Paare ist dramaturgisch hervorragend gelöst und entspricht der komischen Oper: Die Ernsthaftigkeit des einen Paares wird durch **die burleske Handlung** um Marthe und Mephisto ironisch gebrochen; die sich andeutende Tragödie Gretchens findet ihre Entsprechung im Satyrspiel Mephistos. Die Liebesbeziehung des einen Paares wird durch das andere Paar dämonisiert. Für Gretchen wird es wiederum zum körperlichen Erlebnis. Als sie sich an die erste Begegnung mit Faust erinnerte, lief ihr ein „Schauer übern ganzen Leib" (V. 2757). Nachdem sie sich jetzt ihre Liebe gestanden haben, „überläuft" sie 's (V. 3187). Die sinnlich-sexuelle Erfüllung wünschen beide; es gibt kein Halten mehr.

! **Stichwörter/wichtige Textstellen:**
Gretchen beschreibt ihr kleinstädtisches bürgerliches Leben: „Und **immer fort wie heut so morgen.**/Da geht's, mein Herr, nicht immer mutig zu;/Doch schmeckt dafür das Essen, **schmeckt die Ruh.**" (V. 3146 f.). Das ähnelt den Meinungen der Bürger im Osterspaziergang und steht mit dem alltäglichen Rhythmus im Gegensatz zu Fausts Ansprüchen an ständige Bewegung und Veränderung. Kleinbürgerliche Beschau-

lichkeit und Ruhe werden mit geistiger Beschränkung erkauft. Es gibt keine Gemeinsamkeiten zwischen Gretchen und Faust; diese sind ausschließlich der sinnlich-erotischen Beziehung vorbehalten. Auch ist Gretchen „Ruh'" bald dahin.
Faust und Gretchen leben ihrer Liebe, sie werden aber bewacht von Marthe und Mephisto. Ihrem Glück droht Unheil, denn Gretchen begegnet Faust in ihrer Unwissenheit mit „Beschämt nur steh ich vor ihm da/Und sag zu allen Sachen ja" (V. 3217 f.)

Ein Gartenhäuschen

Stichwörter/wichtige Textstellen:
Gretchen fühlt die geistigen Unterschiede zu Faust, die Faust auf Grund des Verjüngungstrankes nicht empfindet. Aber sie kann das Gefühlte nicht begreifen, weil sie nichts von ihrer „Helena"-Situation, die durch den Hexentrank entstanden ist, weiß: **„Bin doch ein arm unwissend Kind,/Begreife nicht, was er an mir findt."** (V. 3215)

Faust begrüßt die Einbindung in Natur und Einsamkeit, wie sie der Erdgeist verheißt. (Dass der angesprochene „erhabne Geist" nicht eindeutig zu beschreiben ist, hängt wahrscheinlich mit der langen Entstehungszeit des Werkes zusammen.) Er findet Frieden, Zufriedenheit und begreift sich als Teil der Natur, unter Menschen und Tieren. Auch die Tiere werden in dieser Betrachtung zu den „Brüdern/ Im stillen Busch, in Luft und Wasser" (V. 3226 f.). Fausts Monolog korrespondiert mit der *Zueignung* und ähnelt dem Bekenntnis des Dichters. Es ist ein typisch **retardierendes Moment vor dem Höhepunkt**: Die Handlung wird angehalten; Faust sieht seinen Pakt fast erfüllt, weil er auf das vollkommene Erlebnis zu verzichten bereit ist. Bedroht wird diese Zufriedenheit aber durch die Begierde nach „jenem schönen Bild", die von Mephisto gereizt wird. Faust sieht sich vom Teufel beherrscht, an die Stelle des

Wald und Höhle

Strebens nach Erkenntnis sind der Wechsel von Begierde und Genuss getreten. Es sind wiederum zwei Gefühle, die in Fausts Brust miteinander ringen, ähnlich den zwei Seelen, die den Pakt mit dem Teufel auslösten. Mephisto zerstört Fausts bedingten Seelenfrieden: Wenn Begierde und Sinnlichkeit Fausts in Liebe umschlagen, ist er für den Teufel verloren, denn die Liebe ist eine Himmelsmacht, ist geradezu göttlich. Mephisto muss deshalb Faust zu Neuem aufstacheln. Es kommt zu einem geistigen Zweikampf zwischen Faust und Mephisto. Während Faust seine Liebe zu Gretchen ins Feld führt, treibt Mephisto zur sexuellen Erfüllung („Ihr sollt in Eures Liebchens Kammer" V. 3343). Dem schließt sich Faust an und gibt seine Liebe preis („Was ist die Himmelsfreud in ihren Armen?/Lass mich an ihrer Brust erwarmen!" V. 3345 f.). Er kann sich auf den Teufel berufen, weil der Pakt nur weiterläuft, wenn Faust tut und muss, was der Teufel wünscht. Diese Formel wiederholt Faust mehrfach (V. 3072, 3363), weil er sich dadurch gerechtfertigt meint.

Stichwörter/wichtige Textstellen:
Der „Erhabne Geist" (Erdgeist) hilft Faust, weil er ihn nun begreift (vgl. V. 512 Erdgeist: „Du gleichst dem Geist den du begreifst..."). Fausts Methode: „Dann führst du mich zur sichern Höhle, **zeigst/Mich dann mir selbst**, und meiner eignen Brust/Geheime tiefe Wunder öffnen sich." (V. 3232 ff.) erinnert an Platon und sein Höhlengleichnis, wie auch anderes, etwa die Unterordnung des Bösen unter das alles dominierende Gute, Platons Denken entspricht. Da die „Höhle" in der Szene keine Funktion hat und nicht räumlich vorkommt, bietet sich Platons Gleichnis an, dass der Mensch sich nur wie einen Schatten auf der Wand der Höhle erkennt, wenn die Sonne hinter ihm scheint. Goethe beschäftigte sich zwischen 1793 und 1805 intensiv mit Plato, „gleichsam zum erstenmal",

wie er an F. H. Jacobi schrieb.[61] In der Farbenlehre setzte er ihm ein Denkmal, das ein Denkmals Fausts, vielleicht auch Goethes ein könnte: Plato äußere nur, was „sich auf ein ewig Ganzes, Gutes, Wahres, Schönes" beziehe, dessen „Forderung er in jedem Busen aufzuregen strebt".[62] Faust erkennt sein Wesen und tritt dadurch mit seiner Vergangenheit in Beziehung, ähnlich wie der Dichter in der *Zueignung*. Fast wortwörtliche Entsprechungen Goethe betreffend finden sich unter dem 15. März 1788 in Goethes *Italienischer Reise*. Faust weiß um den Widerspruch, durch Sinnlichkeit und eine Frau in seinen Ansprüchen beflügelt zu werden („den Göttern nah und näher", V. 3242), aber durch die gleiche Frau und ihre geringere Bildung in diesem Vorwärtsdrang behindert zu werden („zu nichts ... deine Gaben wandelt" V. 3245 f.).[63] Er kann deswegen nicht aus dem Teufelskreis ausbrechen, von „**Begierde zu Genuss**" und vom Genuss zur Begierde zu taumeln (V. 3249 f.).

Gretchen sehnt die sinnliche Erfüllung herbei. Im *Urfaust* war es noch der *Gretchens Stube* „Schoß", der zu Faust drängte, jetzt ist es nur der „Busen" (V. 3406). Ist es bei Faust das Verlangen nach dem Genuss, um die Begierde zu befriedigen, so ist es bei Gretchen eine Regung natürlicher Liebe zu Faust. Gerade diese hatte Mephisto in der Szene zuvor verspottet (V. 3303 ff.). Ausdruck ihrer Natürlichkeit ist das Volkslied, das Gretchen singt.

---

61 Brief vom 1. 2. 1793 an Friedrich Heinrich Jacobi; vgl. Volker Riedel: *Antike*. In: Goethe-Handbuch, Band 4/1. Hg. von Hans-Dietrich Dahnke und Regine Otto. Stuttgart–Weimar: Verlag J. B. Metzler, 1997, S. 61 f.
62 Goethe: Geschichte der Farbenlehre. In: WA 40, S. 154
63 Der Konflikt beschäftigte Goethe auch in den parallel entstandenen Werken *Clavigo* (1774) und *Stella* (1775). In *Clavigo* wird Fausts Konflikt am Beispiel Clavigos fast bis ins Detail beschrieben: Clavigo steht vor der Alternative, Marie zu heiraten und „Glück in einem stillen bürgerlichen Leben, in den ruhigen häuslichen Freuden" zu finden oder seine „ehrenvolle Bahn ... weiter nach dem nahen Ziele" zu verfolgen, das „Glück einer ruhigen Beschränkung" zu genießen oder „ein großes Ganze zu übersehen, zu regieren, zu erhalten" (BA 5, S. 244 f.)

2.2 Inhaltsangabe

Stichwörter/wichtige Textstellen:
Gretchens Lied, oft vertont, so von Karl Friedrich Zelter, Franz Schubert und Louis Spohr, **"Meine Ruh ist hin..."** (V. 3374) beschreibt den Umschlag in der Handlung und in der Beziehung zu Faust. Die Eröffnungsstrophe wird dreimal wiederholt, Mephisto hatte einst von Faust gefordert, dreimal ihn hereinzurufen (V. 1531). Mit der Drei bekommt der Teufel Zutritt. Im letzten Gespräch der beiden zuvor hatte Gretchen Faust ihre "Ruh" beschrieben (V. 3148). Nun ist sie "hin".

Marthens Garten

Wieder treffen sich Faust und Gretchen in Marthes Garten. Gretchen versucht, sich über die moralische Lauterkeit Fausts zu informieren und stellt ihre Frage, die als **"Gretchenfrage"** berühmt geworden ist: "Nun sag, wie hast du's mit der Religion?" (V. 3415). Gretchen will doppelte Sicherheit: Den gleichen Glauben wie sie soll der Geliebte haben; sie muss, – die Handlung spielt in der Reformation und von Luther ist in der Szene *Auerbachs Keller* die Rede –, nach der Richtung des christlichen Glaubens fragen. Gretchen ist Katholikin, also sollte Faust kein Lutheraner sein. Die Gleichheit des Glaubens ist auch äußerst wichtig für Gretchens Zukunft, wäre eine Ehe doch die logische Folge ihrer Hingabe. Faust weicht einer Antwort aus, ist Glaube ihm, der nach Wissen strebt, doch suspekt. Gretchen warnt Faust vor Mephisto, vor dem sie, die reine Jungfrau, "ein heimlich Grauen" (V. 3480) hat. Beide vereinbaren ein nächtliches Treffen; Margarete wird ihrer Mutter ein Schlafmittel, das ihr Faust gibt, einflößen. Mephisto, der das Gespräch belauscht hat, erkennt Gretchens Absicht, Faust "fromm und schlicht nach altem Brauch" zu sehen und daraus zu folgern, "duckt er da, folgt er uns eben auch" (V. 3526 f.). Mephisto triumphiert. Er hat alles vorausgesagt und weiß um Fausts Konflikt zwischen Streben und Bescheidung und damit um die Hinfälligkeit von Gretchens Hoffnung.

2.2 Inhaltsangabe

Stichwörter/wichtige Textstellen:
Auf die Gretchenfrage antwortet Faust: **"Will niemand sein Gefühl und seine Kirche rauben."** (V. 3420). Faust hat weder Glauben noch kirchliche Bindung. Er lässt sogar unterschiedliche Kirchen gelten, ist also im aufklärerischen Sinne tolerant, weil ihn das Christentum, das er achtet, persönlich nicht betrifft. Es ist die Haltung Goethes, die deutlich wird: Er ging nicht in die Kirche, nicht zum Abendmahl und betete selten, wie Freunde mitteilten: „Denn, sagt er, ich bin dazu nicht genug Lügner... (Kestner am 18. 11. 1772).

Die Liebesnacht mit Faust ist vorüber.
Gretchen erfährt, dass eine ihrer *Am Brunnen*
Freundinnen schwanger ist und von ihrem Freund verlassen wurde. Sie ahnt, ihr könnte Gleiches geschehen oder schon passiert sein. Der Spott der Wasser holenden Mädchen würde sie treffen. Dennoch bereut sie ihre Hingabe nicht.
Gretchen sucht Hilfe in der Religion.
Vor einem Bild der Mater dolorosa *Zwinger*
(Schmerzensmutter) am Rande der Stadt – der Zwinger ist der Raum zwischen der äußeren und der inneren Stadtmauer, in dem man auch Tiere hielt – bittet sie, zuerst mit einem als Motiv überlieferten dreiversigen Gebet[64]. Sie schließt die Schilderung ihrer Not an. Ihre Verse werden unruhig und sind schließlich ein **Aufschrei.** Wiederholungen wie „Wie weh, wie weh, wie wehe" (V. 3603) oder „Ich wein, ich wein, ich weine" machen das deutlich (V. 3606). Sie ahnt, schwanger zu sein.

---

64 Darin befindet sich der Reim „neige – Schmerzensreiche", der sich aus dem Frankfurter Dialekt ergibt (neiche – reiche). Das gilt auch für „Tage" und „Sprache" (Tache – Sprache, V. 3463 f.). Die Schmerzensmutter wurde in katholischen Andachtsbildern durch ein Schwert symbolisiert, das ihre Brust durchbohrt. Die Verse erinnern an mittelalterliche Marienklagen, so auch an Jacopone da Todis *Stabat mater dolorosa*.

2.2 Inhaltsangabe

Nacht

Gretchens Bruder Valentin, der seiner Schwester vertraute, ist entsetzt über ihre Ehrlosigkeit und lauert dem Verführer auf. Mephisto ist mit seinen Gedanken schon bei der Walpurgisnacht, die andere als Gretchen-Abenteuer verspricht. Trotzdem hat er ein **Spottlied für Gretchen** übrig: Sie hätte Faust nur „mit dem Ring am Finger" (V. 3697) gehören dürfen. Valentin fordert Faust zum Kampf. Dessen Klinge, geführt von Mephisto, trifft Gretchens Bruder tödlich. Der verflucht mit seinen letzten Worten seine Schwester: „Du bist doch nun einmal eine Hur'" (V. 3730) und Marthe, ein „kupplerisches Weib" (V. 3767). Danach stirbt er „als Soldat und brav" (V. 3775).

> **Stichwörter/wichtige Textstellen:**
> Mephisto provoziert: **„Was machst du mir/Vor Liebchens Tür..."** (V. 3682 ff.). Es endet mit Mephistos Triumph, eine Frau solle nicht eher sich hingeben „als mit dem Ring am Finger". Goethe übernahm die erste Strophe aus einem Lied Ophelias aus Shakespeares *Hamlet* (4. Aufzug, 5. Szene) in der Übersetzung A. W. Schlegels. Er wies Plagiatsanfechtungen, wie sie von Byron kamen, zurück, denn das Lied von Shakespeare sei „eben recht" gewesen (Zu Eckermann am 18. Januar 1825).

Dom

Ein böser Geist erinnert Gretchen an die dreifache Schuld: An dem Schlaftrunk ist die Mutter gestorben; der Bruder Valentin wurde auf ihrer „Schwelle" (V. 3789) erstochen und sie selbst ist unverheiratet schwanger. Der böse Geist ist eine Solostimme im Chor, der in der Kirchenhymne das **„Dies irae"**[65] singt. Die

---

65 Das Lied vom Jüngsten Gericht bildete einen Teil der Totenmesse. Im *Urfaust* war die Szene noch beschrieben „Exequien der Mutter Gretchens", also Toten- oder Seelenmesse auf die Mutter Gretchens.

Strophen 1, 6 und 7 übernahm Goethe, einige Verse werden variiert zitiert (V. 3800 ff.). Der Gedanke an das Jüngste Gericht und dessen Strafen zerrüttet Margarete, die bisher streng nach dem Katechismus lebte. Sie bricht, nachdem sie das Riechfläschchen ihrer Nachbarin, vermutlich Marthes, verlangt hat, ohnmächtig zusammen. Damit beginnt ihr Wahnsinn.

Stichwörter/wichtige Textstellen:
Gretchens Mutter ist „**zur langen, langen Pein**" hinübergeschlafen (V. 3788). Da sie ohne Beichte und Sterbesakramente starb, wird sie im Fegefeuer auf das Jüngste Gericht warten müssen. Allerdings kündigt der böse Geist das Jüngste Gericht schon an: „Die Posaune tönt!/Die Gräber beben!" (V. 3801 f.). Gretchens Not vergrößert sich dadurch, denn ihr bleibt keine Zeit zu Reue und Buße.

Faust wird durch Mephisto von Gretchen abgelenkt, um seine Liebe und seine Schuld zu vergessen. Da er Valentin getötet hat, steht er unter „Blutschuld" (*Trüber Tag. Feld*) und wird vom Gericht bedroht. So hat der Teufel leichtes Spiel. Er lockt Faust mit triebhafter Sinnlichkeit. Beide wandern in der Nacht vom 30. April zum 1. Mai, der Nacht der heiligen Walpurgis, auf dem Weg zum Brocken zwischen Schierke und Elend. Dort tobt sich in dieser Nacht **Sexualität** aus. Sie wird nun zu einem wichtigen Thema des Stückes und zu einem wesentlichen Inhalt, der Faust weiter von Station zu Station treibt. Die Walpurgisnacht hetzt ihn dabei fast bis zur völligen Erschöpfung. *Walpurgisnacht* und *Walpurgisnachtstraum* gehören zu den **ironisch-satirischen Teilen** des Stückes und setzen die *Hexenküche* fort. Dort hatte sich Mephisto mit einer Hexe für Walpurgis verabredet (V. 2589 f.). Auf dem Weg zum Blocksberg treffen Faust und Mephisto auf Zeitgenossen, die gradu-

2.2 Inhaltsangabe

ell nach ihrer Stellung lächerlich wirken. Sie scheinen vor der Französischen Revolution geflohen, waren doch die Jakobiner „die Jugend obenan" (V. 4076 ff.) (General, Minister). – Der Erinnerung an und der Bedrohung durch den Jüngsten Tag bei Gretchen (*Dom*) steht nun der Jüngste Tag des Teufels gegenüber („Zum Jüngsten Tag fühl ich das Volk gereift" V. 4092), der dann eintritt, wenn nicht einmal mehr sinnliche Verführung zieht.

Die Beziehung Fausts zu Gretchen zieht als Trödelgeschichte des Verbrechens vorüber (Schmuck – Gretchen, Schwert – Valentin, Kelch – die Mutter V. 4104 ff.). Fausts Erlebnisse werden parodierend variiert: Der Gartenspaziergang der beiden Paare wiederholt sich im Tanz der beiden Paare, der zur Metapher für einen Beischlaf wird. Faust und eine junge Hexe toben sich in erotischem Spiel aus, was Faust mit Bildern aus dem *Hohen Lied*, der biblischen Liebesdichtung (V. 4128–31), beschreibt.[66] Mephisto und die alte Hexe ergötzen sich in wüsten obszönen Beschreibungen, die in den Drucken nicht ausgeschrieben werden.[67] Noch ausschweifender wären die **Satansszenen** geworden, die sich hier anschließen sollten, aber ausgeschieden wurden, jedoch in den Paralipomena (literaturwiss.: Randbemerkungen, Ergänzungen) erhalten sind.[68] – Faust sieht unter den Erscheinungen Gretchen mit den „Augen einer Toten" (V. 4195). Ehe er sich darauf konzentrieren

---

[66] Die Brüste als Rehzwillinge, als Weintrauben und als Äpfel sind durchgehende Bilder im *Hohen Lied* Salomos. Vgl. 4.5, 7.4, 7.9.,7.13. und öfter. Auch die Verführung durch den Apfel der Erkenntnis wird angesprochen („schon vom Paradiese her", V. 4133).

[67] In der Handschrift steht im Gegensatz zu den Drucken: „Der hatt ein ungeheures Loch, / So groß es war, gefiel mir 's doch." (V. 4138 f.) und „Halt er einen rechten Pfropf bereit, / Wenn er das große Loch nicht scheut." (V. 4142 f.)

[68] BA 8, S. 572 ff. Satan sagt u. a. zu den Böcken: „Euch gibt es zwei Dinge / So herrlich und groß: / Das glänzende Gold / Und der weibliche Schoß. / Das eine verschaffet, / Das andre verschlingt; / Drum glücklich, wer beide / Zusammen erringt!" und zu den Ziegen: „Für euch sind zwei Dinge / Von köstlichem Glanz: / Das leuchtende Gold / Und ein glänzender Schwanz. / Drum wisst auch, ihr Weiber, / Am Gold zu ergetzen / Und mehr als das Gold / Noch die Schwänze zu schätzen!"

2.2 Inhaltsangabe

kann, beginnt ein Theaterspiel, „das letzte Stück von sieben" (V. 4215), so ist „allhier der Brauch".[69]

Stichwörter/wichtige Textstellen:
Faust strebt auf den Berg, um Satan zu huldigen: **„Dort strömt die Menge zu dem Bösen;/Da muss sich manches Rätsel lösen."** (V. 4039 f.) Die Satansszenen waren geplant, Faust sollte Satan auf dem obersten Gipfel des Brockens begegnen, um zu endgültigen Wahrheiten des Bösen vordringen zu können. Mephisto versucht das zu verhindern und führt Faust dafür auf „Hügelchen" (V. 4210). Dabei begegnet Faust **„Lilith"** (V. 4119). Sie ist nach alten jüdischen Sagen Adams erste Frau, die Gott erschuf, während er Eva aus einer Rippe Adams machte. Lilith wurde nach ihrer Trennung von Adam zur Geliebten des Teufels. Seit dem Mittelalter fasste man sie als bösen Dämon auf. – Ihre „schönen Haare" (V. 4120) sind nach dem Volksglauben Sitz ihrer Verführungskünste; schöne Haare bei Männern galten als Zeichen der Kraft.

Das Spiel im Spiel steht in der Tradition Shakespeares (*Hamlet*, *Sommernachtstraum*) und wurde auch durch eine 1796 in Weimar aufgeführte Operette angeregt.[71] Elemente des Fastnachtsspiels

Walpurgisnachtstraum[70]

---

[69] Sieben ist, wie die Drei, eine mythische Zahl, die sowohl zum Herrn gehört (sieben Tage der Schöpfung) als auch zum Teufel (die sieben Todsünden). Sie war bei den Ägyptern, Juden und Griechen eine heilige Zahl, was sich an zahlreichen Beispielen belegen lässt (jüdischer Leuchter, Wochentage, Sabbatjahr, Märchenelement u.v.a.), ist aber auch eine magisch heidnische Zahl. In der Alchimie war der Punkt im Sechsstern das Zeichen der Siebenheit und stand für das Gold. Der alchimistische Berg hatte sieben Gipfel mit sieben Göttern, Planeten oder Metallen usw. Aber auch das Satyrspiel des antiken Theaters war – nach Buchwald, S. 461 – ein siebtes Stück.

[70] Der schwer einzuordnende und nur mit Hilfsmitteln zu verstehende Text wurde verständlich erklärt bei Robert Hippe: *Der Walpurgisnachtstraum in Goethes Faust*. In: Goethe. Neue Folge des Jahrbuchs der Goethe-Gesellschaft. Weimar: Hermann Böhlaus Nachf. 1966 (28. Band), S. 67–75

[71] Paul Wranitzky: *Oberon, König der Elfen* (Bearbeitung von Christian Aug. Vulpius). Die Operette schließt mit der Vermählung von Oberon und Titania, nachdem sie zuvor geschieden worden waren, und nutzt Elemente aus Shakespeares *Sommernachtstraum* – daraus stammt Puck – und Wielands *Oberon*. Vgl. BA 8, S. 840 f.

2.2 Inhaltsangabe

(Herold als Titelerklärer) weisen auf Hans Sachs. Mit der Handlung hat die Szene mittelbar zu tun; der **Untertitel *Intermezzo*** weist darauf hin. Satansszenen sollten sich „nach dem Intermezz."[72] anschließen: Satan lässt sich auf dem Brocken huldigen. – Faust, der in der Walpurgisnacht von Station zu Station ging, bekommt nun weitere Stationen im Spiel vorgeführt. Waren es zuerst teuflisch-sinnliche Szenerien, so sind es jetzt ästhetische: Statt der Hexen dominieren die Künstler. Die Umkehrung ist beabsichtigt: In der Szene zuvor war der Künstler Proktophantasmist unter den Hexen zu finden. Nun ist eine junge Hexe, die an die Satansszenen erinnert („Drum sitz ich nackt auf meinem Bock", V. 4285), unter den Künstlern zu finden. – Der Walpurgisnachtstraum ist eine Literatursatire, in der namentlich zu entschlüsselnde Gestalten sind, auf die auch die *Xenien* Goethes und Schillers zielen. Christoph Friedrich Nicolai, ein energischer, aber uneinsichtiger Aufklärer, der eigene Geistererlebnisse dadurch vertrieb, dass er Blutegel an den Hintern setzte, war in der Walpurgisnacht der „Proktophantasmist"[73] (V. 4144 ff.) und ist nun ein „neugieriger Reisender"[74] (V. 4267). Unter den satirisch behandelten Zeitgenossen befinden sich auch der Theatermeister Mieding (von Goethe verehrter und bedichteter Hoftischler am Theater in Weimar), der Graf Friedrich Leopold von Stolberg (Orthodox V. 4275 ff.), der als Katholik gegen Schillers heidnische Auffassungen im Gedicht *Die Götter Griechenlands* polemisierte, der Schriftsteller und Komponist Johann Friedrich Reichardt (Windfahne[75], V. 4295 ff.), der als doppel-

---

[72] BA 8, S. 571, Paralipomenon Nr. 48
[73] Der Name bedeutet „Steiß" und „Geistererscheinung" und bezieht sich auf Nicolais Behandlungsmethode, die er in einem Vortrag in der Berliner Akademie vorstellte.
[74] Anspielung auf Nicolais *Beschreibung einer Reise durch Deutschland*, von der 1796 der 11. Band erschienen ist.
[75] Reichardt, Goethe freundschaftlich verbunden, äußerte sich anonym gegen ihn. Goethe nannte ihn einen „falschen Freund" (30. 1. 1796 an Schiller)

züngig galt, usw. Auch Goethe erscheint als „Nordischer Künstler", der erst durch die italienische Reise zur wahren Kunst gekommen ist. Er wird, aufschlussreich, von seinen *Xenien* Satan genannt und wäre also diesmal eher mit Mephisto als mit Faust verwandt.[76] Der Satan ist eine annehmbare Entsprechung und nicht der Böse. Shakespeares Gestalten Oberon und Puck (*Sommernachtstraum*) und Ariel (Luftgeist aus *Sturm*) lassen die Neigung des Stürmer und Drängers Goethe erkennen. Insgesamt lässt die Szene deutlich werden, dass *Faust* auch ein Gegenwartsdrama war.

Beide Szenen wurden aus dem *Urfaust* unverändert in *Faust Erster Teil* übernommen. Beide Texte wurden auch

> Trüber Tag. Feld und Nacht.
> Offen Feld

als einzige nicht der Überarbeitung in Verse unterzogen; sie stellen so die ursprünglichsten Teile des Werkes dar. Die Form gehört zur Natürlichkeit des Sturm und Drang. Die Wollust auf dem Brocken ist vorbei. Nach Sinnlichkeit und Sexualität bei den Hexen trifft Faust auf die schreckliche Wirklichkeit. Er hat erfahren, dass Gretchen ihr Kind umgebracht hat und im Kerker sitzt. Mephisto antwortet auf Fausts Vorwürfe mit dem schrecklichen Satz, der sich schon in der Geschichte der Susanna Margaretha Brandt findet: „Sie ist die erste nicht!" Fausts Verzweiflung ist in Mephistos Augen Beweis dafür, dass Faust eigentlich dem Pakt nicht gewachsen ist: „Willst fliegen und bist vorm Schwindel nicht sicher?" Aber da ihm Faust mit „grässlichstem Fluch" droht, geht Mephisto darauf ein, ihn in Gretchens Kerker zu führen. Vorbei an einem gespenstischen Ort reiten sie zur Stadt.

---

[76] Goethe und Schiller schufen 1796 gemeinsam die *Xenien*, eine erste Sammlung zeitsatirischer Distichen mit zahlreichen Anspielungen auf Zeitgenossen. Die *Xenien* bezeichnen sich nun als „Insekten" und dazu, „Satan, unsern Herrn Papa, / Nach Würden zu verehren." Darauf antwortet der in den *Xenien* tatsächlich angegriffene August von Hennings und bezweifelt, ob die Xenien „gute Herzen" hätten (V. 4310). Vgl. Hamm, S. 118

2.2 Inhaltsangabe

> **Stichwörter/wichtige Textstellen:**
> Mephistos **"Sie ist die erste nicht!"** ist auch als "Hurentrost" überliefert. Das stand schon im Prozessprotokoll über die Frankfurter Kindesmörderin Susanna Margaretha Brandt, das sich als Abschrift zum Teil im Nachlass von Goethes Vater befand.[77]

Kerker

Faust findet Gretchen wahnsinnig vor. Trotz einiger Einsichten in ihrem Wahnfieber, in denen sie sich an das Glück mit Faust erinnert, folgt Gretchen Fausts Fluchtabsichten nicht. Lieber will sie sich dem Gericht überantworten. Faust indessen kann sich nicht trennen. Während sich Margarete, durch Mephistos Erscheinen wieder klar geworden, in Gottes Verantwortung überantwortet, zwingt Mephisto Faust zur Flucht. Gretchens Weg in Gottes Hand führt zur Rettung der Schuldigen über irdisches Gericht hinaus, denn während Mephisto ihr Ende verkündet ("Sie ist gerichtet!" V. 4611) tönt eine "Stimme von oben: Ist gerettet!" Gretchen wird in den Himmel aufgenommen. Was sie nun noch für Faust tun kann, ist **Warnung**. Sie ruft dem enteilenden Faust und seinem Begleiter Mephisto flehend nach "Heinrich! Heinrich", so wie eine Mutter ihr Kind beschwört. Am Ende des *Zweiten Teils* wird sich diese Warnung mit Fausts Erlösung verbinden.

> **Stichwörter/wichtige Textstellen:**
> Szene *Kerker* (vor V. 4405) Im Gegensatz zur früheren Verwendung des Wortes im Stück handelt es sich nun um ein Gefängnis. Faust und Gretchen hatten zuvor schon einen Kerker erlebt: Faust sein Studierzimmer, Gretchen ihr häusliches Zimmer. Beide sind ausgebrochen und gelangen nun, ganz im

---

77 Vgl. Ernst Beutler: *Die Kindsmörderin*. In: Essays um Goethe. Leipzig: Dieterich Verlag (Sammlung Dieterich Bd. 101), 1941, S. 98–114 (nachgedruckt Bremen 1957)

Sinne der polaren Setzungen und dialektischen Struktur, zu extremen Positionen. Gretchen ist endgültig im Kerker, in der Enge, sie harrt auf „Grab" und „ewiges Ruhebett" (V. 4538 ff.). Faust bricht endgültig aus diesem „ins Freie" (V. 4537), in die große Welt auf, die Mephisto längst angekündigt hatte. – Faust sagt zu Beginn der Szene **„Mich fasst ein längst entwohnter Schauer,/Der Menschheit ganzer Jammer fasst mich an."** (V. 4405 f.) Das Schauermotiv ist ein Leitmotiv des *Faust*. Es korrespondiert mit Sehnsucht: Eine wörtliche Entsprechung findet sich in der *Zueignung* (V. 25). Aus dem individuellen Sehnen ist der allgemeine Jammer geworden: Gretchens Schicksal wird als menschheitliches erkannt, nicht wegen des Kindesmords, sondern wegen des Leidens, dem der Mensch auf der Welt ausgesetzt ist. Damit erfüllt Faust einen Anspruch aus dem Pakt, denn er hatte gefordert: „Und was der ganzen Menschheit zugeteilt ist,/Will ich in meinem innern Selbst genießen,/Mit meinem Geist das Höchst' und Tiefste greifen..." (V. 1770 ff.).

Gretchen singt „Meine Mutter, die Hur'..." (V. 4412 ff.). Es ist das **Volkslied vom Machandelboom**, ein Märchen von einer bösen Stiefmutter, die das Kind tötet und dem Vater als Essen vorsetzt. Die Stiefschwester legt die Knochen unter dem Baum nieder und ein schöner Vogel steigt auf. Goethe kannte das Märchen schon als Kind aus mündlicher Überlieferung. Das Märchen findet sich in den *Kinder- und Hausmärchen* der Brüder Grimm.

2.3 Aufbau

Deutlich lässt sich im Stück trotz der fehlenden Akteinteilung die dramatische Struktur und damit auch die Exposition erkennen. Nachdem Faust die Wette abgeschlossen hat und sich auf die Reise in die kleine Welt vorbereitet, sind alle Voraussetzungen für die Entwicklung der Handlung samt des Umschlags und der Katastrophe vorhanden. Mit der Schülerszene wird frühzeitig eine Variation eingefügt, die Spielraum für erregende Momente gibt. Der neue Student kann sich sehr bald unter den lustigen Gesellen in Auerbachs Keller wiederfinden und damit zur Faustvariation werden. Der 2. Akt endet nach der Hexenküche, als alles für die Begegnung zwischen Faust und Gretchen vorbereitet ist. Sehr logisch wird die Begegnung beider, ihre Liebe zum Höhepunkt und somit strukturell zum 3. Akt. Mit der Szene *Am Brunnen* würde man den 4. Akt ansetzen können; die Katastrophe tritt unaufhaltsam ab der Szene *Trüber Tag. Feld* ein. Sie eröffnet den 5. Akt, der mit Fausts Austritt in die große Welt und Gretchens Tod samt Errettung endet. Trotz dieser möglichen Gliederung hat der Aufbau eine Besonderheit, die auf die erste Entstehungszeit verweist. Es galt in der Nachfolge Shakespeares, die aristotelische Abfolge der Handlung aufzulösen, ohne das an diese Abfolge gewöhnte Publikum zu verunsichern. Im *Götz von Berlichingen* hatte Goethe deshalb zwei Handlungen verfolgt, von denen eine shakespearisch und eine zweite aristotelisch ablief. Sie entwickelten sich parallel zueinander. Ähnlich verfuhr Goethe im Faust, nur baute er die aristotelische Handlung in die andere Handlung ein. Während die Gelehrten-Handlung sich von Station zu Station entwickelt, folgt die Gretchen-Handlung aristotelischen Gesetzen mit einer steigenden und einer fallenden Handlung, die von erregenden und retardierenden Momenten unterbrochen wird. Der Höhepunkt, die nächtliche Vereinigung von Faust und Gretchen, wird in mehrfacher Hinsicht angedeutet, nicht aber als Szene geboten. Der Umschlag der Handlung, die sogenannte Peripetie, geschieht dadurch, dass Faust nach der Vereinigung mit Gretchen aus dem Haus verschwindet und sie mit der getöteten Mutter allein zurücklässt. Er tritt nur noch einmal *vor* ihrem Haus auf, als er Valentin ersticht.

2.3 Aufbau

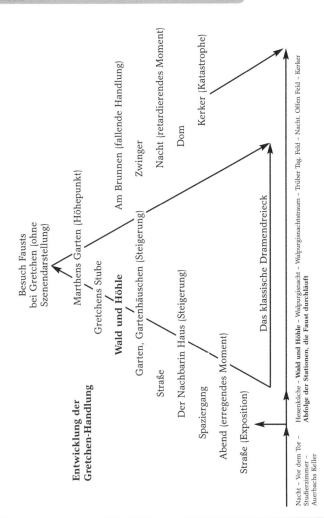

2.3 Aufbau

Die Handlung beginnt als Stationenstück und verläuft so bis zur Hexenküche. Danach setzt die Gretchen-Handlung als aristotelisch angelegtes Drama ein und verläuft nach den entsprechenden Regeln bis zur dramaturgischen Katastrophe (Kerker). Dort finden beide Handlungen ihren Abschluss: Die Gretchen-Handlung mit dem tiefsten Punkt, den die Handlung erreichen kann, die Faust-Handlung mit dem Aufbruch zu einer neuen Station, die nun in einer neuen Höhe liegt und zur großen Welt führt. Dazwischen liegt eine Szene, die zu beiden Handlungen gehört und so zur **zentralen Szene**, weil vermittelnd, des Stückes wird: *Wald und Höhle*. Das ist eindeutig eine Station für Faust, aber er kommt hier auch zur Ruhe, was einem Stationenstück nicht dienlich ist. Damit könnte die Szene in die Gretchen-Handlung münden. Mephisto sieht das mit Unlust und spielt ironisch genau auf diese Ruhe an: „...ich lass dich gerne ruhn" (V. 3257), um Faust wieder „zu was Neuen" (V. 3254) zu treiben, zu einer neuen Station. Das moderne shakespearesierende Stationen-Stück um Faust trägt das traditionelle aristotelische Gretchen-Drama; dort, wo der damalige Zuschauer am meisten in seinem Gefühl angesprochen wurde, wirkt auch die ihm bekannte Dramaturgie und er wird nicht mit ungewohnter Handlungsführung konfrontiert.

Die Versnummern beziehen sich auf *Faust. Erster Teil*. Geringfügige Abweichungen, Auslassungen oder Zusätze werden der Übersichtlichkeit halber nicht vermerkt. Die Gegenüberstellung sagt auch nichts über die quantitativen Verhältnisse der Szenen. So ist z. B. „Kerker" im *Urfaust* halb so umfangreich wie in *Faust. Erster Teil*.

> Schematischer Vergleich der drei Fassungen des *Faust*

2.3 Aufbau

Urfaust	Faust. Ein Fragment	Faust. Eine Tragödie
		Zueignung
		Vorspiel auf dem Theater
		Prolog im Himmel
Nacht (nur V. 354–605)	Nacht (nur V. 354–605)	Nacht (V. 354–807)
		Vor dem Tor (Osterspaziergang)
		Studierzimmer I (Pudel und Mephisto)
	unauffällige Paktszene	Studierzimmer II (veränderte Paktszene)
	Meph. Monolog (in Fausts Kleid)	Mephistos Monolog (in Fausts Kleid)
Schülerszene	Schülerszene (verändert)	Schülerszene
	Mephisto. Faust	Mephisto. Faust
Auerbachs Keller (Prosa)	Auerbachs Keller (Verse)	Auerbachs Keller (Verse)
Landstraße		
	Hexenküche	Hexenküche
Straße (Faust. Margarete)	Straße (Faust. Margarete)	Straße (Faust. Margarete)
Abend (Es war ein König...)	Abend (Es war ein König ...)	Abend (Es war ein König in Thule)
Allee	Spaziergang	Spaziergang
Nachbarin Haus	Der Nachbarin Haus	Der Nachbarin Haus
Faust. Mephisto	Straße	Straße
Garten	Garten	Garten
Ein Gartenhäuschen	Ein Gartenhäuschen	Ein Gartenhäuschen
		Wald und Höhle
Gretchens Stube	Gretchens Stube	Gretchens Stube
Marthens Garten (Gretchenfrage)	Marthens Garten (Gretchenfrage)	Marthens Garten (Gretchenfrage)
Am Brunnen	Am Brunnen	Am Brunnen
	Wald und Höhle	
Zwinger (Gebet)	Zwinger (Gebet)	Zwinger (Gebet)
		Nacht (Valentins Monolog und Tod)
Dom	Dom	Dom
Nacht (Valentins Monolog; Text aus „Wald und Höhle", einzelne andere Verse)		

2.3 Aufbau

		Walpurgisnacht
		Walpurgisnachtstraum
		(Oberon und Titania)
		(Satansszenen als
		Paralipomena
Faust. Mephisto (Prosa)		Nr. 48 ff.)
Nacht. Offen Feld		Trüber Tag. Feld (Prosa)
(Prosa)		Nacht. Offen Feld
Kerker (Prosa)		Kerker (Verse)

In dieses Schema wurden die Satansszenen aus den Paralipomena aufgenommen. So entsteht die Folge: Walpurgisnacht – Intermezzo – Satansszenen. Das Intermezzo hätte in der Tradition des komischen Zwischenspiels gestanden und die Lustige Person des Vorspiels bedient. Da die Satansszenen dann wegfielen, verschmolz das Intermezzo mit der *Walpurgisnacht*. Beide stellen eine satirische Beschäftigung mit Zeitgeist und Zeitgenossen dar.

Ursprünglich war Goethes *Faust* ein Stück des Sturm und Drang. In ihm fand man den Geist des Titanismus, aus dem man die Symbole seines Denkens bezog (der Titan Prometheus entspricht dem Anspruch Fausts an die Götter). Der Stoff fand unter den Stürmern und Drängern viele Freunde. Nicht nur Goethe beschäftigte sich mit dem Thema, sondern auch Jakob Michael Reinhold Lenz, Friedrich (Maler) Müller, Friedrich Maximilian Klinger und andere.

2.3 Aufbau

> **Freunde und Zeitgenossen Goethes mit Faust-Bearbeitungen (Auswahl):**
>
> 1759   G. E. Lessing veröffentlicht im 17. Literaturbrief Szenen aus seinem *D. Faust*.
> 1774   J. M. R. Lenz: *Die Höllenrichter* (Fragment)
> 1775   Paul Weidmann: *Johann Faust, ein allegorisches Drama in fünf Aufzügen*
> 1776   Friedrich (Maler) Müller: *Situation aus Fausts Leben* (Szenenfolge)
> 1778   Friedrich (Maler) Müller: *Fausts Leben und Tod dramatisiert* (Erster Teil)
> 1784   Christian Friedrich von Blankenburg veröffentlicht sein *Schreiben über Lessings verloren gegangenen ‚Faust'* und beschreibt, dass Faust bei Lessing nicht untergeht, sondern im Sinne der Aufklärung der Teufel nicht über Menschheit und Wissenschaft siegt.
> 1791   F. M. Klinger: *Fausts Leben, Taten und Höllenfahrt* in fünf Büchern. Faust erscheint in diesem ersten Faust-Roman als der Erfinder des Buchdrucks.
> 1792   Der Stoff wird in einer Zeitschrift als deutsche „Nationallegende" bezeichnet.

Bereits die Abfolge der Szenen im *Urfaust* entsprach nicht der aristotelischen Dreieinheit, ja, sie widersetzte sich dieser sogar. Eine Gliederung in Akte war nicht möglich und wurde deshalb unterlassen, auch später nicht in die Bearbeitung des *Ersten Teils* eingeführt wie etwa beim *Götz von Berlichingen*. Im *Urfaust* folgten die Szenen scheinbar unlogisch aufeinander. Mephisto erschien unvermittelt auf der Bühne, vom Pakt war keine Rede. Auch im *Fragment* wurde der Pakt nur beiläufig erwähnt. Als Mephisto im *Urfaust* das erste Mal die Bühne betritt, hat er mit Faust noch keinen Kontakt gehabt. Über die Vorbereitungen seines Auftritts erfährt der Zuschauer nichts; ebenso ist der Aufenthalt in Auerbachs Keller unvermittelt und unerklärt.

Das ist keine Willkür, sondern dramaturgische Absicht des Sturm-und-Drang-Dichters, der die Normen der französischen klassizistischen Dramatik ebenso wie die der aristotelischen ablehnt. Bei den Überarbeitungen dringt allmählich wieder das aristotelische Prinzip ein, um dann im *Faust Der Tragödie Zweiter Teil* sich voll durchzusetzen. So wird der *Faust* auch zum Beispiel für den Wandel von Formen und des Aufbaus, die abhängig sind von den Zeitbedürfnissen und -vorstellungen. Am deutlichsten ist dabei der Übergang von der Prosa, die im *Urfaust* noch etwa die Hälfte des Textes beherrschte, zu *Faust I*: Da steht nur noch die Szene *Trüber Tag. Feld* in Prosa, alles andere in Versen. Die Prosa war die herrschende sprachliche Form der Kunstwerke des Sturm und Drang, die jambischen Blankverse wurden es für die Klassik.

Die Meisterschaft Goethes bewies sich darin, dass er diesen Übergang nicht formal durchsetzte, sondern **Prosa und Vers in Schwebe** hielt. Die Szene *Trüber Tag. Feld* wirkt sprachlich wie herausgeschleudert, die zahlreichen Ausrufezeichen machen den exzessiven und imperativischen Charakter des Textes deutlich. Verse wirkten hier fehl am Platze. Die Verse wiederum sind nur zum Teil Blankverse; andere Metren stehen daneben. Auch mehrere Lieder blieben in allen Fassungen erhalten und erinnern daran, dass im Sturm und Drang dem Volkslied große Aufmerksamkeit geschenkt wurde. So steht denn Goethes *Faust* auch in seiner vollendeten Form über den literarischen Strömungen.

2.3 Aufbau

Das *Vorspiel* eröffnet der Direktor mit Versen, in denen **Knittelverse und Versuche in Stanzen**, auf die *Zueignung* zurückverweisend, nebeneinander stehen. Das *Vorspiel* endet mit Knittelversen („Indes ihr Komplimente drechselt,/Kann etwas Nützliches geschehn" V. 16 f. – vierhebige Verse mit wechselnden Senkungen), unterbrochen von Madrigalversen („Was heute nicht geschieht, ist morgen nicht getan", V. 225 – regelmäßiger Wechsel von Hebung und Senkung bei freier Taktzahl). Mit dem Wechsel verschiedener Vers- und Gedichtformen werden verschiedene Ebenen zwischen Himmel und Erde angedeutet. Auch darf, wer möchte, darin schon einen Ausgleich zwischen hoher Kunst (Stanze, Madrigal) und volkstümlicher Kunst (Knittelvers) sehen oder auch den Versuch, klassische Dichtung der italienischen Renaissance mit deutscher Volksdichtung zu vereinen. Der **Knittelvers** ist das Versmaß der Fastnachtsstücke des Hans Sachs. So entsteht auch formal eine spannungsreiche Vielfalt der Tragödie: Sie lässt erkennen, wie Goethe Widerspruchsetzungen auch formal zu einem wesentlichen Kennzeichen dieses Werkes gemacht hat. Es lebt von den zahlreichen formalen und inhaltlichen Spannungen, die den *Faust* grundsätzlich von anderen Werken unterscheiden und ihn einmalig werden lassen. Wie unterschiedliche Versmaße eingesetzt werden, um Figuren zu beschreiben oder die Handlung voranzutreiben, wird im *Prolog im Himmel* deutlich. Die Engel sprechen feierliche Vierheber mit Kreuzreim (ababcdcd), die zusätzlich auf Vokalharmonie zielen. Die göttliche Harmonie, deren Sinnbild die Sonnenbahn ist, wird durch zahlreiche o-Laute hergestellt (Sonne, tönt, vollendet, Donnergang), die von mehrere a-Lauten assistiert werden. Auch eine Wiederholung dreier Verse, in denen winzige Veränderungen auf die Unveränderbarkeit des Himmels verweisen (V. 247–250 und V. 267–270) stabilisiert die Verse und Strophen der Erzengel. Mephisto nimmt diesen Vers mit dem Kreuzreim auf, erweitert ihn aber zum Fünfheber und verlässt nach zehn Versen diesen Rhythmus, um sich des eigenen Rhythmus, des beliebig langen Madrigalverses, zu bedienen. Damit kommt Bewegung in die Handlung, denn der Auftritt der Erzengel und des Herrn ruht in sich. Mephisto ist **das treibende und bewegende Element** der Handlung. Er ist nicht so sehr Gegenspieler des Herrn, sondern die zu dessen Ordnung entgegengesetzte Kraft: Er wirkt unter den Menschen, also im Irdischen, und bewegt sich nicht im Ewigen, sondern im Geschichtlichen. Seine Freiheit ist begrenzt durch die irdische Welt; seine Wette kann sich deshalb auch nur auf diese erstrecken, nicht auf das Universum und den göttlichen Weltplan. Diesem, der Ewigkeit entsprungen, steht er mit seiner ständigen Bereitschaft zu Bewegung diametral entgegen. Er versteht die göttliche Ordnung nicht und beschränkt sich deshalb auf das irdische Leben, „denn mit den Toten/Hab ich mich niemals gern befangen" (V. 318 f.). Er kann sie nicht verstehen, denn er ist, wie er bekennt, nur ein Teil von ihr, nicht einmal der beherrschende. Nur der Herr und er gemeinsam können diese Ordnung verstehen: So gleichen sich ihre Versmaße am Ende des Vorspiels einander wieder an (jambische Fünfheber), um auf diese Gemeinsamkeit zu verweisen.

Alle Fassungen des Faust haben kein Personenverzeichnis. Die große Zahl von Personen entspricht den Historien Shakespeares; das antike Drama und die klassizistischen französischen Dramen hatten nur wenige Personen, wie es auch bei Lessing noch der Fall ist.

In allen Fassungen beginnt die Handlung in der „Nacht" und in „einem hochgewölbten engen gotischen Zimmer". In einem „hochgewölbten, gotischen Zimmer" beklagt Dr. Faust auch

2.3 Aufbau

bei Storm bitter, „dass ihm seine Gelehrsamkeit so wenig einbringe" und er sich deshalb dem Teufel verschreibe.[78] Lessing hatte das Vorspiel seines *D. Faust* in einem alten Dome stattfinden lassen. Die Angabe ist wichtig: 1772 hatte Goethe in seinem Aufsatz *Von deutscher Baukunst* dem Erbauer des Straßburger Münsters Erwin von Steinbach ein Denkmal gesetzt. Er erklärt die **Gotik zur deutschen Baukunst**, nachdem sie zuvor als willkürlich und unnatürlich abgelehnt worden war. Für ihn ist sie ebenso national wie natürlich. Mit der Regieanmerkung macht Goethe auf einen typisch deutschen, künstlerisch und natürlich wirkenden Raum aufmerksam, der es zulässt, seinen Bewohner als einen deutschen Wissenschaftler zu betrachten. Andererseits stehen die Bedeutung des Raumes mit seinem höchsten Kunstanspruch[79] und Fausts Krise durch seine Beschränkungen der Erkenntnismöglichkeiten im Kontrast zueinander und lassen den Konflikt frühzeitig unlösbar erscheinen. Nur wenn Faust ein Gott würde, könnte er den Anspruch des Raumes ausfüllen. Daraus leitet sich auch sein Drängen nach dem Pakt ab.

---

[78] Theodor Storm: *Pole Poppenspäler*. In: Werke. Nach der von Theodor Hertel besorgten Ausgabe. Leipzig: Bibliographisches Institut AG. o. J., Bd. 3, S. 382
[79] In der Sekundärliteratur wird behauptet, der Raum stelle eine „für Goethe historisch überholte Sphäre" dar und habe „seinen Nimbus" verloren (Vgl. Requadt, S. 62). Diese These ist nicht zu halten, bedenkt man, dass Goethes Hochachtung vor dem Gotischen und die Entstehung des *Urfaust* parallel liegen.

2.4 Personenkonstellation und Charakteristiken

Figurenkonstellation:
Faust – Margarete, Gretchen – Mephistopheles

Die Beziehung zwischen den drei Personen prägt den *Ersten Teil*, der von der Tragik Gretchens bestimmt wird. Ihre Tragik ist, dass sie in dem unlösbaren Widerspruch lebt, Faust zu lieben und sich ihm hingegeben zu haben, aber durch die teuflische Bestimmung zum Helena-Ersatz Faust nicht gewinnen kann, der sie nur zur Lustbefriedigung benutzt. Wie sie sich entscheidet, bedeutet das unwiederbringlichen Verlust. Als Faust seine Wette einging, war vom Genuss keine Rede: Erkenntnis wollte er. Mephistopheles, der ihm letzte Erkenntnis nicht verschaffen kann, weil über diese nur der Herr verfügt („Da keiner dich ergründen mag", V. 268), versucht mit Unterhaltung und Belustigung, Faust vom eigentlichen Ziel abzulenken. Das scheitert schon beim ersten Versuch in Auerbachs Keller. Faust ist kein Zechfreund; er hatte es gesagt („Fehlt mir die leichte Lebensart", V. 2057). Von Frauenbegegnungen Fausts war nichts zu hören. Auch die heiteren Begegnungen während des Osterspaziergangs erregten ihn nicht; er war lieber „gedankenvoll allein" (V. 1024). Deshalb setzt Mephisto einen teuflischen Plan um: Da Faust meint, die leichte Lebensart fehle ihm wegen seines Alters, schickt er ihn in eine Verjüngungskur. Im Zauberspiegel sieht Faust dabei die schönste Frau, man darf an Helena denken, da Mephisto sie später nennt. Als Faust die Frau begehrt, weil er sie für vollkommen hält, ist eine Möglichkeit der Erfüllung gekommen. Während Mephisto letzte Erkenntnisse nicht verschaffen kann, vermag er sinnliche Wünsche zu erfüllen und entschließt sich sofort dazu. Der Verjüngungstrank wird zum Liebestrank. Kaum hat ihn Faust getrunken, verlangt er noch-

2.4 Personenkonstellation und Charakteristiken

mals nach dem Bild der schönsten Frau. Da durch den Trank sich Fausts Zustand verändert hat und er jede Frau begehrt, kann ihn Mephisto zu einer lebendigen Frau führen. Die Begegnung Fausts mit Gretchen wird zur teuflischen Inszenierung, Gretchen ersetzt Helena, deren Beschaffung aus der antiken Welt für Mephisto kompliziert ist. Dafür ist eine eigne Hölle zuständig.[80] Die wirkt erst im *Zweiten Teil*, wenn es in die „große Welt" (V. 2052) geht. Für die „kleine" Welt genügt Gretchen, Mephistos Inszenierung und Fausts Liebestrank.

Die Beziehung, die Faust mit Gretchen eingeht, stellt eine eigenständige Handlung dar. In ihr spiegelt sich Goethes Schuld gegenüber Friederike Brion. Dabei vergisst man, dass die Handlung durch den Teufel ausgelöst und in ihrem Verlauf bestimmt wird. – Faust erkennt in Gretchen das „schöne", „sitt- und tugendreiche" (V. 2609 ff.) Mädchen, das man lieben kann, wie ein junger Mann ein Mädchen liebt. Aber es wirken sich der Liebestrank und die Wette aus: Faust muss der erfüllte Augenblick, die Stillung des „Appetits" (V. 2653) verschafft werden, um in die große Welt aufzubrechen; das gelingt mit schnellem sexuellen Genuss. Faust fordert Mephisto auf, ihm diesen zu verschaffen. Der tut das gern, auch wenn Margarete für ihn einen schwierigen Fall birgt, weil sie eine gläubige Katholikin ist und des Teufels Anwesenheit spürt. Anfällig für seine Inszenierung ist sie durch Putzsucht und Eitelkeit; ihre Sinnlichkeit macht sie verführbar.

Faust gerät zweimal ins Schwanken, ob er der Liebe Raum geben oder nur die Lust genießen soll. In beiden Fällen treibt ihn Mephisto zur Lust. Das geschieht einmal in Gretchens Zimmer, als Faust von der dort spürbaren Sittlichkeit und

---

80 Als es im *Zweiten Teil* erneut zum Wunsch Fausts kommt, Helena erscheinen zu lassen, weist Mephisto auf diese Schwierigkeiten hin und sagt: „Doch Teufelsliebchen, / Sie können nicht für Heroinen gelten", also Gretchen, das Teufelsliebchen, ist nicht übertragbar auf Helena: Die Heroine war in der Antike ein Mischwesen zwischen Mensch und Göttin.

2.4 Personenkonstellation und Charakteristiken

Mütterlichkeit des Mädchens fasziniert wird, aber der Teufel den Gegenstand der Verführung, eine Schmuckschatulle, schon zur Hand hat, um damit Fausts „Lüsternheit" zu befriedigen (V. 2740). Zum anderen kehrt Faust in der Szene *Wald und Höhle* scheinbar zu seinem Ausgangspunkt zurück und bedankt sich beim Erdgeist für die Einsichten in die Natur und die damit verbundene Selbsterkenntnis als Wissenschaftler und Mensch. Tatsächlich kann sich Faust nicht mehr von Mephisto lösen und sieht sich im Bann des „wilden Feuers", ausgelöst durch das „schöne Bild". Damit ist das Bild Helenas gemeint, das ihm in der Gestalt Gretchens personifiziert begegnet ist. „Begierde" und „Genuss" bestimmen diese Beziehung, nicht Liebe. Wieder kann Mephisto die Zweifel Fausts verdrängen und ihn antreiben, „das arme affenjunge Blut/Für seine Liebe zu belohnen" (V. 3313 f.), nicht aber wiederzulieben. – Geradezu zwanghaft vollzieht sich Gretchens Schicksal: Sie liebt Faust, hofft ihn durch ihre Hingabe zu binden, weiß aber nichts von seiner Wette, die eine Liebesbindung verhindert, und dass sie Helenas Bild ersetzt. Den Untergang beschleunigt, dass Gretchen um ihre soziale und geistige Bescheidenheit gegenüber Faust weiß und Mephisto diese ausnutzt. Auch Faust hat keine andere Möglichkeit: Gereizt vom Liebestrank, will er seine Lust befriedigen, aufkommende Zweifel werden vom Teufel beseitigt, der es eilig hat, mit Faust aus der kleinen in die große Welt zu entkommen, wie es abgesprochen war. Wenn Faust aufbegehrt, weist Mephisto ihn in die Schranken: „Drangen wir uns dir auf, oder du dich uns?" (*Trüber Tag. Feld*). Mephisto wird durch Gretchens Gläubigkeit behindert; er hat nicht „alle Macht im Himmel und auf Erden" (*Trüber Tag. Feld*), wie er bedauert. Nicht einmal in Gretchens Nähe will Mephisto sich begeben, weil er ahnt, dass sie sich dem Gericht Gottes überantworten wird und sich

2.4 Personenkonstellation und Charakteristiken

ihm so entzieht. So sind die drei Hauptfiguren aufeinander angewiesen und können sich nicht ohne Verluste aus dieser Beziehung lösen. Als die Verbindung aufgelöst wird, ist Gretchen das erste Opfer. Während Faust und Mephisto in die große Welt aufbrechen, bleibt Gretchen in der kleinen Welt als Gerichtete zurück. Dass sie auch eine Gerettete ist, hat sie ihrem Glauben zu verdanken, der sie nicht uneingeschränkt zum Opfer des Teufels werden ließ.

Faust

trägt in der Gelehrtenhandlung viele Züge des historisch-legendenhaften Faust (s. S. 24 ff.), in der Gretchen-Handlung Züge Goethes. So erscheint seine Schuld gegenüber Gretchen wie eine Variation von Goethes Schuld gegenüber Friederike Brion. Aber Goethe entlastet sich: Faust konnte nach dem Liebestrank in der Hexenküche nicht anders, als in Gretchen eine Helena zu sehen und sie zu lieben. Der Teufel ist schuld, nicht er. – Unzufrieden mit seinem Erkenntnisstand, hat sich Faust zuerst der Magie, dann dem Teufel ergeben. Seine Erkenntnissuche verbindet sich mit Vermessenheit, da ihm jedes Mittel recht ist, zu seinem Ziel zu kommen. Dieser Charakterzug bringt es mit sich, dass er trotz der entstehenden Liebe zu Gretchen sie nur als Lustobjekt benutzt. Faust ist sich immer selbst genug; er ist der personifizierte Erkenntniswille. Er ist nicht wie Hiob, mit dem er verglichen wird, ein Opfer der Mächte, sondern ein Täter. Faust hat erkannt, dass sich die von ihm erstrebten Einsichten in dem Maße einstellen, wie er sich aus den niederen zu höheren Erkenntnissen und Erfahrungen erhebt. Dabei werden Gut und Böse eine immer größere Einheit, um schließlich in der von Mephisto beschriebenen „Kraft" zusammenzufallen.
(vgl. auch 2.7 Interpretationsansätze, v. a. S. 110–112 und 114!)

2.4 Personenkonstellation und Charakteristiken

Mephistopheles

erscheint mit diesem Namen im Faustbuch[81] des Christlich Meynenden (Frankfurt a. M. und Leipzig 1726), nachdem er schon im Volksbuch von 1587 als Mephostophiles bezeichnet worden war und in den Puppenspielen vorkam. Die Bedeutung des Namens und seine Herkunft sind nicht eindeutig. Möglicherweise geht der Name auf das Hebräische zurück und bedeutet „Zerstörer, Lügner". Im Spiel ist er die personifizierte Intelligenz, die kein Gefühl besitzt. Leben ist ihm Irrtum und vergebliche Geistesmühe. Streben wird für ihn als Lächerliches begreifbar, deshalb entführt er Faust auch zuerst zu den geistig anspruchslosen, dümmlich nationalistischen Studenten in Auerbachs Keller. Für Brecht waren „Mephisto und Gretchen zwei der schönsten Figuren des Welttheaters"[82]. Mephisto vertritt im Kraftgefüge das Animalische wie der Herr das Geistige. Deshalb erscheint Mephisto vor Faust als Tier (Pudel) und bezeichnet sich als „Herr der Ratten und der Mäuse,/Der Fliegen, Frösche, Wanzen, Läuse" (V. 1516 f.). Da das Geistige ohne das Animalische nicht existieren kann – der Geist braucht einen Körper – sieht auch Faust in den Tieren seine „Brüder" (V. 3226). Mephisto hatte den Menschen mit einer „Zikade" (vgl. V. 288) verglichen. Die *Xenien* betrachtete Goethe als „geflügelte Naturen aller Art, Vögel, Schmetterlinge und Wespen" (Brief an Christian Gottlob Voigt vom 24. September 1796); diese wiederum sahen ihren Schöpfer als „Satan" (V. 4305). Goethe konnte sich durchaus mit Mephisto

---

81 Es trug den Titel *Des Durch die gantze Welt beruffenen Ertz-Schwartz-Künstlers und Zauberers Doctor Johann Fausts, Mit dem Teufel auffgerichtetes Bündnüß / Abendtheuerlicher Lebens-Wandel und mit Schrecken genommenes Ende, Auffs neu übersehen / In eine beliebte Kürtze zusammen gezogen, Und allen vorsetzlichen Sündern zu einer hertzlichen Vermahnung und Warnung zum Druck befördert*. Die „beliebte Kürze" waren 48 Seiten, die der Verfasser aus den traditionellen 800 Seiten des Volksbuchs gewonnen hatte. Auch der junge Goethe hat wahrscheinlich über dieses Buch die Volksbuchtradition kennengelernt.
82 Bertolt Brecht: *Schriften zum Theater*. Bd. VI, Berlin und Weimar: Aufbau-Verlag, S. 351

2.4 Personenkonstellation und Charakteristiken

identifizieren. Eine Verurteilung des Animalischen liegt nicht in seinem Interesse, vielmehr dient die dort entliehene Symbolik zur kritischen Aufwertung des Geistes.[83]
(vgl. auch 2.7 Interpretationsansätze!)

Margarete, Gretchen

trat erstmals 1674 im Faust-Buch des Nürnberger Arztes Pfitzer auf. Der „Christlich Meynende" berichtete 1726, Faust habe sich in eine schöne, doch arme Magd verliebt, die bei einem Krämer in der Nachbarschaft gedient habe. Dennoch ist Margarete Goethes Erfindung. Er hat als Fünfzehnjähriger ein bezauberndes Gretchen kennen gelernt, wie er in der Autobiografie berichtet. Näheres ist nicht bekannt (*Dichtung und Wahrheit*, 5. Buch). Gretchen ist vierzehnjährig, noch fast ein Kind, Faust ein reifer Mann. Da er sich der Verjüngung unterzog, muss er ihr nicht nur als Verehrer, sondern wie ein Märchenprinz erscheinen. Mit ihrem Zusammentreffen begegnen sich die große Welt des Wissens und eine kleinstädtisch geprägte von Familieninteressen und Ruhe. So fällt es Faust leicht, sie durch sein Wissen, seine Versprechungen und seine Umgangsformen zu gewinnen. Gretchen fühlt und erkennt ihre soziale und geistige Bescheidenheit gegenüber Faust und wird deshalb schnell sein Opfer. Befördert wird das, indem sie sinnlich nach Faust verlangt, im *Urfaust* noch auffälliger als später. Dort sagte sie: „Mein Schoß! Gott! drängt/sich nach ihm hin./Ach dürft ich fassen/Und halten ihn." (Urfaust V. 1098 ff.); später stand zurückhaltender „Mein Busen" (V. 3406). Gretchen ist eine Station auf Fausts Weltenreise; die Differenz zwischen beiden wird immer größer, Fausts Welt immer weiter, Gretchens Welt immer enger, um im Gefängnis zu enden. Sie klagt „Es ist so elend, in der Fremde schweifen"

---
[83] Vgl.: Walter Dietze: *Der Walpurgisnachtstraum in Goethes Faust.* In: Keller, 1984, S. 453 f.

2.4 Personenkonstellation und Charakteristiken

(V. 4549), während Faust mit Mephistos Zauberpferden in den „Morgen" reitet (V. 4600). Zum Tode verurteilt wird Gretchen doch errettet, allerdings durch den Tod. Er ist die Sühne für Gretchens Schuld am Tode ihrer Mutter und ihres Kindes, bedingt auch am Tod ihres Bruders. Ihr Name ist beliebt in Märchen, Volkslied und Puppenspiel (Kaspars Frau heißt Gretel!); im Stück wechselt der Name Gretchen, vorwiegend in den ernsten Szenen, mit Margarete in den heiteren.
(vgl. auch 2.7 Interpretationsansätze, v. a. S. 115 f.!)

Valentin

ist Margaretes Bruder. Er ist Soldat, der seinen Wert aus der Tugendhaftigkeit seiner Schwester bezieht. Seine Beschränktheit und Borniertheit, aus der kein Verständnis für Margarete entspringen kann, wird darin deutlich, dass er bevorzugt am Stammtisch, wo dieses Thema unerwünscht ist, die Ehre seiner Schwester preist in seiner „sichern Ruh" (V. 3626). Erneut wird die „Ruh" als verhängnisvoller Zustand beschrieben. Die Ehrlosigkeit seiner Schwester betrachtet er als eigenen Makel. – Er wird **mitschuldig am Verbrechen** seiner Schwester. Einmal spricht er ihr alle Klugheit und damit individuelle Entscheidungsfreiheit ab („Bist gar noch nicht gescheit genug" V. 3727). Zum anderen wird durch seinen Fluch auf die Schwester deren Ehrlosigkeit öffentlich und beschleunigt ihren Untergang. Valentin ist ein Spießer. Seine vermeintliche Tugendhaftigkeit, die nicht ein kritisches Wort für den Verführer aufbringt, ist Ausdruck einer frauenfeindlichen Grundhaltung. Drittens entzieht er sich durch seine dümmliche Tugendhaftigkeit Gretchen als den einzigen Verbündeten, den sie in ihrer schwierigen Situation hätte haben können.

2.4 Personenkonstellation und Charakteristiken

Marthe Schwerdtlein

ist Margaretes Nachbarin und Verbündete. Durch ihre kupplerischen Ambitionen öffnet sie der teuflischen Verführung Tür und Tor. Ihr Mann, der fremde Frauen, das Würfelspiel und den Wein liebte, hat sie verlassen. Als Mephisto ihr von den Schicksalen des Mannes und seinem Tod in Padua samt dem Begräbnis beim Heiligen Antonius, dem Schutzheiligen der Tiere, berichtet, nimmt sie diese Berichte, die erfunden sind, durchaus als Wahrheit. Sofort aber richtet sie ihre Aufmerksamkeit darauf, einen neuen Mann zu gewinnen. Es könnte auch der Teufel sein, dessen Gegenwart sie, anders als Gretchen, nicht spürt.

Wagner

ist Famulus, also Assistent bei Faust. Er tritt schon in einem ihm gewidmeten Volksbuch und in einigen Volksbüchern zu Faust (Widmann,1599) auf. Er ist der sammelnde und ordnende Wissenschaftler, der die Nähe des Teufels nicht spürt und deshalb uneingeschränkt fortschrittsgläubig sein kann. Indem er die Wissenschaft nie auf Wirkungen hin befragt, kann er auch ihre Verbrechen nicht begreifen. Goethe beschrieb ihn 1800, angeregt durch Schiller zur Weiterarbeit am *Faust*, in seinem *Schema zur gesamten Dichtung* als „helles, kaltes wissenschaftliches Streben Wagner"[84]. Im *Ersten Teil* ist er nach Fausts Ansicht ein „trockner Schleicher" (V. 521) und Spießer, was man allerdings relativiert betrachten muss. Im *Zweiten Teil* wird er mit der Schaffung des künstlichen Menschen zu einer Frankenstein-Variation und zu einem überdurchschnittlichen Wissenschaftler, der Fausts Stellung in der Wissenschaft einnimmt. Wagner ist Faust geistig ebenbürtig; spätestens im *Zweiten Teil* wird das deutlich. Es unterscheidet ihn

---

84 Vgl. BA 8, S. 560 und 931 f., Friedrich, S. 187

von Faust die Methode. Dabei ist Wagner methodisch der modernere Wissenschaftler, der sich nicht auf Magie verlässt, sondern nur die Ergebnisse der Forschung akzeptiert. Aus diesem Grunde erkennt er auch die vom Pudel ausgehende Gefahr nicht. Alles ist ihm Objekt, auch der Mensch. So wird er zum Widerpart Fausts, der zuerst Subjekt sein will.

2.5 Sachliche und sprachliche Erläuterungen

Die Erläuterungen beziehen sich auf den Text der Königs Lektüren. Erläuterungen, die vermisst werden, sind möglicherweise bei den Inhaltsangaben der Szenen zu finden oder können in jedem Nachschlagewerk (Duden usw.) gefunden werden.

Titel und Gattung:

Tragödie	Gleichbedeutend mit Trauerspiel, wird von einem ungelöst bleibenden Konflikt bestimmt, behandelt zumeist prinzipielle Menschheitsfragen (s. S. 83 ff.).
Zueignung	Widmungsgedicht, auch: Dedikation.
Wahn (V. 4)	Einbildungskraft, Gefühlsüberschwang
liebe Schatten (V. 10 ff.)	ihm fremd gewordene Freunde der Jugendzeit wie Herder, Klinger, die Grafen Stolberg u. a. sowie die Geliebten Friederike Brion, Lotte Buff und Lili Schönemann, andere waren verstorben, wie Lenz, Merck und die Schwester Cornelia.
Menge (V. 21)	Goethe steht seinem Publikum distanziert gegenüber. Das wiederholt

2.5 Sachliche und sprachliche Erläuterungen

	sich im „Vorspiel", als der Direktor dreimal auf die Menge (das Volk) eingeht (V. 37, 43, 49) und der Dichter wiederum die „bunte Menge" ablehnt (V. 59). Der Direktor empfiehlt dem Dichter, auf diese Menge, die „Maskenfeste" liebt, Rücksicht zu nehmen, „Ihr habt weiches Holz zu spalten" (V. 111).
Äolsharfe (V. 28)	Saiteninstrument, das durch den Wind klingt; Windharfe.
Pfosten, Bretter (V. 39)	Wanderbühnen hatten ähnlich dem heutigen Zirkus ihre Bühnen mit und bauten sie auf Jahrmärkten und Messen auf. Deshalb wird auch heute noch vom Theater als von den „Brettern, die die Welt bedeuten", gesprochen.
Gnadenpforte (V. 52)	Nach Mt. 7,13 f.: Die Pforte führt zum Leben. Das Theater ist in der ironischen Darstellung des Direktors das Leben und ein Tempel. Das Wort steht in Zusammenhang mit der „Himmelsenge", von der der Dichter wenige Verse später spricht (V. 63), durch die nur der Dichter geht und ins Göttliche gelangt.
Olymp (V. 156)	Wohnort der griechischen Götter, übertragen: Ort großer Dichtung, deshalb nannte man Goethe den „Olympier".

2.5 Sachliche und sprachliche Erläuterungen

Himmel, Welt, Hölle (V. 242) — Der letzte Vers des Vorspiels kennzeichnet die Handlung des gesamten Stückes: vom Prolog im Himmel über Fausts Leben auf der Erde bis zur Grablegung in Gegenwart Mephistos im 2. Teil, wo ursprünglich ein Epilog auf dem Weg in die Hölle gehalten werden sollte. Goethe sagte am 6. 5. 1827 zu Eckermann: „Das ist keine Idee; sondern Gang der Handlung."

tönt (V. 243) — Die tönende Sonne ist ungewöhnlich, war aber der damaligen Zeit verständlich. Nach der pythagoreischen Philosophenschule hatte jeder Planet, der die Sonne umkreise, einen Ton; diese von Kreisbahn und Geschwindigkeit abhängigen Töne vereinigten sich zu einer Sphärenharmonie. Man hatte zudem in Miltons *Verlorenem Paradies* (4. und 5. Gesang) einen tönenden Himmel und singende Sphären kennengelernt. Goethe hatte 1799 eine Milton-Übersetzung ausgeliehen. Auch die folgenden Verse der Erzengel sind Milton verpflichtet.[85]

Boten (V. 265) — Wörtliche Übersetzung von „Engel" (griech.); später als „Göttersöhne" (V. 344) bezeichnet. Das geht zurück auf die zehn Ordnungen der Engel, die sich durch ihre Gotteserkenntnis unterscheiden, wobei keine Ordnung

---
85 Vgl. dazu Friedrich, S. 178

2.5 Sachliche und sprachliche Erläuterungen

	Gott ganz begreift. Darüber sprechen die Erzengel in den drei Strophen mit gemeinsamen Abgesang.
der kleine Gott (V. 281)	Hier verwendete Goethe fast wörtlich ein Zitat aus Leibniz' *Theodizee*, wo es heißt: „Der Mensch ist also gleichsam ein kleiner Gott in seiner Welt." (1. Buch, § 117)
Zikaden (V. 288)	Die Grille besitzt Flügel und Sprungbeine, muss aber wegen ihres plumpen Körpers auf das Fliegen verzichten. Das Motiv wird von hier aus aufgenommen und steht für Fausts Wollen und Können. Mephisto wendet es in der Szene *Trüber Tag. Feld* auf Faust an: „Willst fliegen und bist vorm Schwindel nicht sicher?" Vgl. S. 87.
Staub fressen (V. 334)	Die Schlange, „Muhme" (V. 335; altertümlich für „Tante") Mephistos, wurde für die Verführung des Menschen im Paradies bestraft, musste auf „dem Bauch gehen", „Erde fressen" und zwischen ihr und dem Menschen wurde Feindschaft erklärt (1. Mose 3,14–15).
Schalk (V. 339)	Spaßvogel (Till Eulenspiegel war ein Schalk). Bei Goethe mit der zusätzlichen Bedeutung, der Schalk verneine grundsätzlich, wünsche das Gegenteil. Mephisto beschreibt sich gegenüber Faust später selbst als „Geist, der stets verneint" (V. 1338).

2.5 Sachliche und sprachliche Erläuterungen

schwankender Erscheinung (V. 348)	Der Herr beauftragt die Engel, alles Schwankende – es war in der *Zueignung* das sich Bewegende und Entwickelnde – in Dauer zu übertragen. Der Himmel samt der Engel ist das Unveränderlich-Dauernde, auf ewig Abgeschlossene, die Erde mit ihrer Entwicklung und ihren Widersprüchen, deren Vertreter Mephistopheles ist, das sich widersprüchlich Bewegende.
gotischen (vor V. 354)	Goethe betrachtete als Erster die Gotik als eine typisch deutsche Kunst, nachdem sie zuvor als barbarisch verteufelt worden war. Das gotische Straßburger Münster galt ihm als ein Höhepunkt deutscher Kunst. Faust befindet sich in einem würdigen, ihm angemessenen Raum, der ihm aber durch menschliche Beschränkung und eigne Verrümpelung zum Kerker wird.
Philosophie usw. (V. 354)	Faust nennt die vier traditionellen Fakultäten der mittelalterlichen Universität, deren höchste die theologische war.
Nostradamus (V. 420)	Michel de Notre-Dame (1503–66), französischer Wundarzt und Astrologe, berühmter Prophet, der heute noch beachtet wird. Der historische Faust kann die 1555 erschienenen Weissagungen nicht gelesen haben. Goethe verwendete den Namen wegen seines Klanges und als Beispiel

2.5 Sachliche und sprachliche Erläuterungen

	für eine „magisch-pansophische Weltauffassung im Sinne Emanuel Swedenborgs"[86].
Seelenkraft (V. 424)	Begriff Swedenborgs, dem Engel und Geister selbstverständlich die Welt bevölkerten und eigene Sphären trugen (s. zu V. 484 f.).
Makrokosmos (V. 430 ff.)	Griech., die gesamte Welt, der große Kosmos, das Weltall.
	Gegensatz: Mikrokosmos, die vom Menschen geordnete Welt. In ihm spiegelt sich die große Welt.
Sphäre (V. 484 f.)	Nach Swedenborg hat jeder Geist seine Hülle oder seinen Bereich, die als Sphäre bezeichnet werden. Sie umgibt den Geist kugelartig.
Übermensch (V. 490)	Spottname für die Anhänger Luthers, danach ironisch im 18. Jahrhundert Mensch mit überdurchschnittlichen Denk- und Gefühlsvermögen. Erst durch Nietzsche zum Schlagwort geworden.
Famulus (V. 518)	Student höherer Semester, auch Assistent.
Wagner (vor V. 522)	Christophorus Wagner ist bereits im Volksbuch (1587) der Gehilfe Fausts. Er wird in *Faust II* sein Nachfolger und ein sehr erfolgreicher Wissenschaftler.
Komödiant könnt eine Pfarrer lehren (V. 527)	Der Theologe Karl Friedrich Bahrdt, einer der umstrittensten Aufklärer, wollte künftige Geistliche durch Schauspieler lehren lassen.

---

[86] BA 8, S. 805

2.5 Sachliche und sprachliche Erläuterungen

Museum (V. 530)	Studierzimmer eines Gelehrten. Oft haben sich solche Einrichtungen noch als Naturalienmuseen erhalten.
Schnitzel kräuselt (V. 555)	Reden verwenden Versatzstücke anderer Reden, so entstehen blumige Ansprachen, aber inhaltslose Texte. Schon Vorhandenes wird erneut verwendet.
Buch mit sieben Siegeln (V. 576)	Offenbarung Johannes 5,1: Ein schwer zu öffnendes Buch, das nur von einem leidenden Lamm geöffnet werden konnte. Es ist das Sinnbild für die göttlichen Ratschlüsse, das dem Lamm (dem Herrn) übergeben wird. Populärsprachlich wird die Wendung für Geheimnisvolles und Unverständliches verwendet.
Haupt- und Staatsaktion (V. 583)	Bevorzugt kritische Gattungsbezeichnung Gottscheds für das Barockdrama, überladene Ausstattung. Wandertruppen pflegten sie lange, zuletzt waren sie im Puppenspiel zu finden.
gekreuzigt und verbrannt (V. 593)	Bei denen, die hingerichtet wurden, weil sie dem „Pöbel" ihr Wissen offenbarten, ist neben Jesus an Jan Hus, Girolamo Savonarola, Giordano Bruno und Campanella zu denken. Faust dagegen will den „Pöbel" nicht an seinem Wissen beteiligen.
mehr als Cherub (V. 618)	Die Cherubim sind das Paradies bewachende Engel, die Gottes Schönheit anschauen, Faust dagegen will etwas tun.

2.5 Sachliche und sprachliche Erläuterungen

Phiole (V. 690)	Gefäß der Alchimisten in bauchiger Form mit langem Hals.
Feuerwagen (V. 702)	Sowohl antik als auch christlich gebraucht: der Sonnengott Helios fährt im Feuerwagen, Elias (2. Könige 2,11) fährt in einem solchen himmelwärts, Milton sieht in seinem *Verlorenen Paradies* Jesus im Feuerwagen.
Chor der Engel (V. 737 ff.)	Gemeint sind Chorgesänge, in denen Priester und Gläubige wechseln. Verwendet werden Stellen aus dem Neuen Testament (u. a. Lukas 24 und Johannes 19 und 20).
Botschaft (V. 765)	Gemeint ist die Auferstehungsgeschichte. Indem Faust sie nicht glaubt, gibt er sich als Ungläubiger zu erkennen („...mir fehlt der Glaube").
Sankt Andreas' Nacht (V. 878)	Nacht vom 29./30 Dezember, in der beim Bleigießen, beim Apfelschalenwerfen, beim Betrachten eines Kristalls oder im Traum das Aussehen und der Name des künftigen Gatten bekannt werden. Der 29. Dezember ist der Andreasabend, der dem Gedächtnistag des Heiligen Andreas, Bruder des Apostels Petrus, vorausgeht.
Kristall (V. 880)	Wahrsager nützen oft einen Kristall für ihre Aussagen.
Der Schäfer ... (V. 949 ff.)	Das Lied wird von Goethe mehrfach erwähnt (4. Buch in *Wilhelm Meisters theatralischer Sendung*, 2. Buch von *Wilhelm Meisters Lehrjahren*). Der

2.5 Sachliche und sprachliche Erläuterungen

	Text wurde allerdings nicht mitgeteilt, weil er nicht „ehrbar" sei.
Adepten (V. 1038)	Schüler, in eine Lehre Eingeweihte.
roter Leu (V. 1042)	Verschiedenartige Stoffe werden miteinander verbunden; der rote Leu ist Quecksilberoxid, die Lilie weiße Salzsäure. Daraus entsteht die junge Königin, die heilkräftige Medizin. „Roter Leu" stand auch für Gold und das männliche Zeugungsprinzip, „Lilie" für das weibliche.
Latwergen V. 1050)	dickflüssiger Heilsaft, Sirup.
zwei Seelen (V. 1112)	Aus mehreren Quellen übernahm Goethe die Lehre von den zwei Seelen, die in jedem Menschen wohnen, deren eine gegen die andere streitet. Sie stehen auch für niedere und höhere Triebe, irdisches und überirdisches Streben usw.
Am Anfang war das Wort (V. 1224)	Nach dem Johannes-Evangelium 1.1. Aus dem griech. logos (Wort, Begriff, Urteil, Sinn, Kraft, Tat, Vernunft) wurde im christlichen Denken Gott. Luther übersetzte deshalb „das Wort". Faust folgt ihm zunächst, geht aber dann eigene Wege.
Salomonis Schlüssel (V. 1258)	Ein auf Salomo zurückgehenden Zauberbuch aus dem 15. Jahrhundert, mit dem Zwerge, Nixen usw. beschworen werden können.
Salamander, Undene, Sylphe, Kobold (V. 1273 ff.)	Die vier Elementargeister, die nach Paracelsus Feuer, Wasser, Luft und Erde verkörpern.

2.5 Sachliche und sprachliche Erläuterungen

Incubus (V. 1290)	Kobold, Elementargeist.
dies Zeichen (V. 1300)	Das christliche Kreuz mit dem Heiland und INRI.
Fliegengott (V. 1334)	Übersetzung des hebr. „Beelzebub", hier für Mephisto.
Drudenfuß, Pentagramma (V. 1395 f.)	Im Mittelalter als Zeichen gegen böse Geister verwendet. – Fünfstern, Fünfzeichen, auch als Zeichen Christi gedeutet. Muss in einem Zug gezeichnet werden.
Mammon (V. 1599)	Verächtlich für Geld, Gold und Besitz.
Geier (V. 1636)	Mephisto spielt auf die Prometheus-Sage an (Vgl. Goethes *Prometheus*). Prometheus wurde zur Strafe vom Adler des Zeus' täglich die Leber gefressen, die ständig nachwuchs. Es zeigt Mephistos Ironie und Respektlosigkeit, wenn er aus dem Adler des Zeus einen Geier macht.
der Zeiger fallen (V. 1705)	Der Zeiger fällt in einer zerstörten Uhr auf die Sechs herab; in Wasseruhren, die nur einen Zeiger hatten, fiel er nach 24 Stunden herab.
ellenhohe Socken (V. 1808)	soccus = der Schuh (Kothurn) der antiken Schauspieler.
spanische Stiefel (V. 1913)	Marterwerkzeug aus eisernen Schienen.
Encheiresin naturae (V. 1940)	Akk. von *Encheiresis*; Handgriffe der Natur.
Metaphysik (V. 1949)	Philosophie von den letzten Gründen und der Unerkennbarkeit des Seins.
präpariert (V. 1958)	Vorbereitet, gelernt.

2.5 Sachliche und sprachliche Erläuterungen

Paragraphos (V. 1959)	Abschnitte (Paragraphen) aus einem Lehrbuch.
Eritis sicut Deus ... (V. 2048)	„Ihr werdet sein wie Gott und wissen Gutes und Böses." Mit diesen Worten verführte der Teufel als Schlange im Paradies Eva. Mephisto spricht von der Schlange als seiner *Muhme* (V. 2049).
Feuerluft (V. 2069)	Heißluft zum Betrieb der Montgolfiere 1783 (Heißluftballon der Gebrüder Montgolfier).
Auerbachs Keller (vor V. 2073)	Bekannte Gaststätte in der Mädler-Passage Leipzigs, auf deren Wänden seit ca. 1615 die Faust-Sage dargestellt ist. Goethes Freund Behrisch wohnte in Auerbachs Hof.
Rippach (V. 2189)	Poststation zwischen Weißenfels und Leipzig, heute Autobahnkreuz „Rippachtal" der A 9 in der Nähe Merseburgs. Hans Arsch von Rippach war eine Figur des Studentenulks, ein dummer Kerl.
judizieren (V. 2254)	Recht sprechen.
Franze (V. 2272)	Franzose.
Tokayer (V. 2276)	Natursüßwein aus Ungarn, nach der Stadt Tokaj.
vogelfrei (V. 2312)	Geächtet, ungeschützt, darf getötet werden.
Sieb (V. 2416 u. ö.)	Schon im Altertum glaubte man, durch ein Sieb in die Zukunft sehen zu können.
beiden Raben (V. 2491)	Im Volksglauben symbolisieren Raben oft Teufel, Hexen und böse Geister; Raben sitzen Hexen auf der

2.5 Sachliche und sprachliche Erläuterungen

	Schulter usw. – Ursprünglich sind zwei Raben in der nordischen Mythologie die Boten Wotans.
Mann von vielen Graden (V. 2581)	Mehrere akademische Titel wie Magister, Doktor und Professor, wobei damals Doktor am höchsten war.
Sibylle (V. 2577)	Kluge, geheimnisvolle und weissagende Frau.
Cupido (V. 2599)	Römischer Liebesgott, die Entsprechung zum griech. Eros.
Stuhl (V. 2623)	Beichtstuhl.
Hans Liederlich (V. 2628)	Leichtsinniger und unordentlicher Mensch, Faust antwortet mit *Magister Lobesam* (V. 2633), womit er Mephisto als Pedanten bezeichnet.
Thule (V. 2759)	Die alten Griechen bezeichneten so eine nordeuropäische Insel oder Inselgruppe, von der sie nur dunkle Kunde hatten. Die Römer beschrieben damit den äußersten Norden überhaupt. Wahrscheinlich ist der Begriff auf die Shetlandinseln zu beziehen.
Himmelsmanna (V. 2826)	Tautologie (Doppelung), denn Manna ist legendäres, vom Himmel gefallenes Brot der Israeliten.
auf dem Stroh (V. 2868)	Auf dem Bettstroh als „Strohwitwe" zurücklassen.
Padua (V. 2925)	Ital. Stadt mit der Grabkirche des Hl. Antonius, die Goethe für ein „barbarisches Gebäude" hielt (*Italienische Reise*, BA 14, S. 79).

2.5 Sachliche und sprachliche Erläuterungen

Napel (V. 2982)	An Napoli angelehnte Form für Neapel, dadurch Anspielung auf die Geschlechtskrankheit „mal de Naples" (neapolitanische Krankheit, Syphilis) möglich.
Sancta simplicitas! (V. 3037)	Heilige Einfalt! Das Wort soll der Reformator Jan Hus auf dem Scheiterhaufen gesagt haben, als eine fromme Frau Holz heranschaffte.
Sommervögel (V. 3203)	Schmetterlinge.
ennuyiert (V. 3265)	Gelangweilt.
Kribskrabs der Imagination (V. 3268)	Wirklichkeitsfremde Einbildungskraft.
das arme affenjunge Blut (V. 3313)	Ein noch hilfloses, verspieltes Kind; vgl. auch *Grasaff* (V. 3521) – so bezeichnet Mephisto Gretchen.
Zwillingspaar (V. 3337)	Gemeint sind die Brüste, Formulierung aus dem *Hohen Lied* Salomos (4,5).
katechisiert (V. 3523)	Nach dem Glauben gefragt, wie er im Katechismus steht.
Physiognomie (V. 3537)	Anspielung auf Johann Kaspar Lavaters Lehre, aus den Gesichtszügen eines Menschen, vor allem aus dem Schattenriss, dessen Charakter ablesen zu können.
Kurtesiert' ihr immer (V. 3556)	courtoisier = höflich tun, umschmeicheln. Vgl. Kurtisane = Liebhaberin.
Kränzel (V. 3575)	Mädchen, die zur Hochzeit keine Jungfrau mehr waren, wurden bei der Hochzeit verhöhnt; sie durften entwe-

2.5 Sachliche und sprachliche Erläuterungen

	der keinen oder keinen geschlossenen Brautkranz tragen. Vgl. Gretchens „Zerrissen liegt der Kranz" (V. 4436).
Scherben (V. 3608)	Blumentöpfe, auch Tonschalen und -schüsseln.
Flederwisch (V. 3706)	Fledermaus, hier: leichter Degen.
Blutbann (V. 3715)	Blutgerichtsurteile wurden im Namen Gottes gefällt, deshalb will Mephisto nichts mit ihnen zu schaffen haben; Bann = Gerichtsbarkeit.
keine goldne Kette (V. 3756)	Die Frankfurter Polizeiordnung bestimmte, dass Jungfern im Gegensatz zum Fräulein keinen Schmuck tragen durften, Huren sowieso nicht.[87]
Dies irae usw. (V. 3798 f., 3813 ff., 3825 ff., 3833)	Übersetzungen aus einem lateinischen Lied über das Jüngste Gericht (Teil der Totenmesse): *Der Tag des Zornes, jener Tag wird unser Zeitalter in Asche legen./Wenn der Richter auf seinem Thron sitzen wird, wird offenbar werden, was verborgen ist, und nichts wird ungesühnt bleiben./Was werde ich Elender dann sagen? Wen als Fürsprecher anflehen, da doch nicht einmal der Gerechte bestehen wird.*
Fläschchen (V. 3834)	Die Frauen trugen Fläschchen mit Riechsalz bei sich, um gegen Ohnmachten, die durch die eng geschnürte Kleidung öfters auftraten, gewappnet zu sein.

---

[87] Frankfurter Polizeiordnung (1765): „Es sollen auch die gemeinen armen dirnen und sust. (sonst) offentliche bulerin in dieser stadt keine güldener oder vergülte Ketten" tragen und „in der Kirche in meinem stule steen" dürfen. Vgl. Friedrich, S. 219

2.5 Sachliche und sprachliche Erläuterungen

Besenstiel (V. 3835)	Hexen ritten auf Böcken (Vgl. V. 3836), Ofengabeln oder Besenstielen durch die Luft.
Irrlicht (V. 3855)	Lichterscheinung, meist leuchtende Gase aus Verwesungsvorgängen, wurden als bösartige Kobolde betrachtet, die die Menschen in die Irre locken.
schnarchen (V. 3880)	Anspielung auf zwei Felsen im Brockengebiet, die die „Schnarcher" heißen.
Mammon (V. 3933)	Geld, Gold; in Miltons *Verlorenem Paradies* erbaut der Teufel Mammon dem Satan einen goldurchglühten Palast.
Urian (V. 3959)	Unwillkommener Gast; der Teufel. Um „Teufel" nicht aussprechen zu müssen, versah man ihn mit zahlreichen verhüllenden (euphemistischen) Namen. Vgl. *Junker Voland* (V. 4023) = der Teufel.
Baubo (V. 3962)	Aus der antiken Sage die Amme der Demeter, die mit obszönen Reden gut umgehen konnte.
Ilsenstein (V. 3968)	Felskuppe im Ilsetal (Harz), aus dem sie 75 m senkrecht aufragt, umgeben von finsteren Klüften.
Das Kind erstickt, die Mutter platzt (V. 3977)	Die durch ihre sexuellen Orgien oft schwangeren Hexen, die ihren Ritt auf Gabeln und Besen zum Brocken beschreiben, sprechen über die Tot- und Fehlgeburten, die in dem Gedränge geschehen.

2.5 Sachliche und sprachliche Erläuterungen

spukt 's in Tegel (V. 4161)	C. F. Nicolai, der Proktophantasmist (Steißgespensterseher), hatte in einem Vortrag über einen Spuk auf dem Landsitz der Familie von Humboldt in Tegel gesprochen und berichtet, er habe auch Geister gesehen und sich davon befreit, indem er sich Blutegel an den Hintern habe setzen lassen.
Meduse (V. 4194)	Eine der drei Gorgonen, bei deren Anblick man versteint. *Perseus* (V. 4208) schlug ihr den Kopf ab, währenddessen er sie durch einen Spiegel betrachtete.
rotes Schnürchen (V. 4204)	Kennzeichen der enthaupteten und als Geister wiederkehrenden Bestraften; nach den Massenhinrichtungen in Paris 1793 trugen modische Französinnen ein rotes Bändchen um den Hals.
Xenien (V. 4303)	Goethe und Schiller schrieben diese satirischen Spottverse in der Form von Distichen (Zweizeiler, die einen Hexameter und einen Pentameter verbinden) 1797. Sie erregten viel Aufsehen. Im *Walpurgisnachtstraum* erscheinen sie als stechende Insekten, sind also dem Teufel untertan, dem Herrn über Fliegen usw. (V. 1516 f.).
Hennings (V. 4307)	Der holstein-dänische Schriftsteller August von Hennings (1746–1826) bekämpfte im Namen des Christentums die „heidnische" Weimarer Klassik.

2.5 Sachliche und sprachliche Erläuterungen

	Goethe verspottet auch die zweiteilige Gedichtsammlung *Der Musaget* (1798/99) Hennings' (V. 4311) und dessen Zeitschrift *Genius der Zeit* (V. 4315), die meint, durch ihre Polemik gegen die „rechten Leute" selbst bedeutsam zu werden.
Kranich (V. 3223)	Gemeint ist Johann Kaspar Lavater, von dem sich Goethe abwandte, weil er ihm zu frömmlerisch war. Er beschrieb ihn Eckermann als einen „Kranich" (17. Februar 1829).
Weltkind (V. 4327)	Goethe sah sich auf einer Rheinreise als Weltkind zwischen Lavater und Basedow. Vgl. Gedicht *Diner zu Koblenz im Sommer 1774*. In Beziehung zu Mephistos und Fausts großer Welt weist es auf die Ähnlichkeit Fausts mit Goethe.
Rosenhügel (V. 4394)	Nach Wieland liegt dort das Schloss Oberons.
Rabenstein (V. 4399)	Unheimliche Stätte, die Goethe mit allen Schrecken ausgestalten wollte, wie das Paralipomenon Nr. 69 (*Hochgerichtserscheinung*) beweist. Sie wird von Raben umflogen. Möglich ist, da Goethe zahlreiche genaue Ortsbezeichnungen verwendet hat, dass die vom Brocken – „Sie reiten. Schnelligkeit. Falsche Richtung. Zug nach Osten" (Paralipomenon 68) – auf schwarzen Pferden daherbrausenden Faust

	und Mephisto an der Burg Rabenstein im Fläming vorbeifliegen, die in der Nähe Wittenbergs und damit einem wichtigen Wirkungsort Fausts liegt.
Glocke, Stäbchen, Blutstuhl (V. 4590 f.)	Die Armesünderglocke wurde bei der Hinrichtung geläutet, ein weißer Stab über dem Betroffenen zerbrochen, dann wurde der Verurteilte auf einem Stuhl festgebunden und geköpft.

2.6 Stil und Sprache

Zahlreiche sprachliche Auffälligkeiten sind nur am jeweiligen Sonderfall zu erklären und deshalb unter 2.5 zu suchen. – Das Stück gehört zu Goethes Interessen für spätes Mittelalter, Luther und frühe Neuzeit. Er bemühte sich auch um die Sprache dieser Zeit. Zum Bruch mit dem klassizistischen Vorbild gehörte auch, die Sprache rigoros aus ihren rhythmischen Bindungen zu lösen und statt des bis dahin üblichen Alexandriners die freie Rede zu verwenden. Im *Urfaust* standen Madrigal- und Knittelverse gleichberechtigt neben der Prosa. Von der ist nur ein Rest in der Szene *Trüber Tag. Feld* geblieben, alles andere ist in Verse gewandelt worden. Eingeflochten waren und blieben Lieder wie „Es war ein König in Thule" (V. 2759 ff.) und „Meine Ruh ist hin" (V. 3374 ff.). Das war dem Sturm und Drang und seinem Streben nach dem Volkslied angemessen.

Faust lebt von zahlreichen und schnellen Wechseln der Versmaße. Um die Metren und Verse zu überschauen, seien einige wichtige Maße hier verzeichnet (Andere wie Terzinen treten nur sehr vereinzelt auf):

2.6 Stil und Sprache

Knittelvers – deutsches Versmaß mit vier Hebungen und freier Zahl der Senkungen, wodurch es zur schwankenden Silbenzahl kommt (meist zwischen 7 und 10); mit Paarreim verbunden: -vv-v-vv- („Habe nun, ach! Philosophie", V. 354). Da die sinntragende Silbe nicht immer mit der Hebung zusammenfällt, gerät der Vers manchmal schwerfällig, woraus seine Bezeichnung entstanden ist.

Madrigalvers – aus der italienischen Dichtung stammend und ursprünglich nur in Verbindung mit Musik (J. S. Bach) verwendet, jambisch und trochäisch, aber ohne festgelegte Taktzahl (4- bis 12-silbig), also beliebig lange Verse: v-v-v-v-v-v- („der kleine Gott der Welt bleibt stets vom gleichen Schlag", V. 281). Heute auch als **Faustverse** bezeichnet, dann allerdings nur jambisch, da sie dem Stück das charakteristische Maß geben: Zahl der Hebungen wechselt zwischen vier und sechs. Sie können auch Lied- und Knittelverse in sich aufnehmen. Schon der junge Goethe bediente sich eines „zwischen dem Knittelvers und Madrigal schwebenden Silbenmaßes" (*Dichtung und Wahrheit*, 5. Buch).

Blankvers – der von Shakespeare auf die deutschen Dichter gekommene Vers ist das wichtigste Metrum in der klassischen deutschen Literatur. Er hat eine starre Füllung, es ist der fünfhebige Jambus ohne Reim (blank): v-v-v-v-v-v: „Ein Komödiant könnt einen Pfarrer lehren" (V. 527). Die Zeilenbrechung (Enjambement) ist für ihn typisch.

2.7 Interpretationsansätze

Bereits der *Urfaust* macht deutlich, dass Goethe seinen Faust nicht als überhöhten nationalen Mythos sah, sondern als **widersprüchlichen Menschen**, der ebenso nach Erkenntnis drängte wie er Vernichtung brachte: Gretchen, Gretchens Mutter und Gretchens Bruder Valentin sind seine Opfer.

Das Faustische — Faust darf auch nicht isoliert betrachtet werden. Zu ihm gehört Mephistopheles. Ist Faust einerseits ein Verwandter des schöpferisch strebenden Prometheus, so ist er andererseits ein Vertrauter Luzifers. Das ist zu bedenken, weil in der deutschen Geistesgeschichte das Faustische oft als das deutsche Schöpferische verstanden wurde[88], vor allem nach der Reichsgründung von 1871, ohne zu berücksichtigen, dass auch die Vernichtung zum Faustischen gehört.

> *„Jede heutige Faust-Interpretation muss nüchterne Ideologiekritik mitleisten, denn die Skepsis gegen das ‚Faustische' kann Goethes Faust nicht ausnehmen, der seine paradigmatische Bedeutung behält, doch als Protagonist eines Dramas, das die Gattungsbezeichnung Tragödie trägt, alles Vorbildhafte verliert."*[89]

Es findet sich kaum ein Deutungsansatz, den man in den Faust-Interpretationen nicht fände. Während mehrere Romantiker, unter ihnen Achim von Arnim und C. G. Carus, die Faust-Gestalt ausschließlich positiv beurteilten, wandten sich zur gleichen Zeit schon Wieland und Jean Paul, vor allem aber Börne gegen diese Vorbildhaftigkeit. Besondere Ablehnung kam aus kirchlichen Kreisen.

---

[88] Diese Ideen finden sich nicht nur bei Philosophen wie Oswald Spengler, sondern auch bei einem Schriftsteller wie Thomas Mann (*Über Goethes Faust*, 1939).
[89] Keller 1992, S. 259

2.7 Interpretationsansätze

Während die einen Interpreten in Faust vor allem den Scharlatan und Gaukler erblickten, sahen andere im Stück ein weltgeschichtliches Drama der Befreiung und in Faust einen geschichtsphilosophischen Optimisten, der um dieses Optimismus willen am Ende erlöst wird.

Bereits in **Lessings *D. Faust*** war Faust zwiespältig, vieldeutig und widersprüchlich gewesen. Darauf konnten die Teufel ihre Verführung gründen:

> *„Zu viel Wissbegierde ist ein Fehler; und aus einem Fehler können alle Laster entspringen, wenn man ihm zu sehr nachhänget. Nach diesem Satze entwirft der Teufel, der ihn verführen will, seinen Plan."*[90]

Faust als widersprüchlich-zwiespältiger Mensch vertrug weder Heroisierung noch Mythologisierung.

> *„Faust der Protagonist, ist widersprüchlich wie das Leben und vieldeutig wie die Wirklichkeit; er ist ein Mensch mit zweigeteiltem Willen und zwiespältigem Wesen. Seit 1945 ist er endgültig entmythologisiert."*[91]

In Faust ist **der dialektische Gegensatz** angelegt, unter dem Goethe das gesamte Stück gestellt hat. In Faust stehen sich Gut und Böse als zwei Seiten einer Medaille gegenüber,

> *„...was wir bös nennen, ist nur die andre Seite vom Guten, die so notwendig zu seiner Existenz und in das Ganze gehört"*[92].

Diese dialektische Setzung findet sich auf allen Ebenen, zum Himmel gibt es die Hölle, zu dem Herrn den Teufel, zu den Erzengeln den

Dialektik

---
90 Gotthold Ephraim Lessing: *D. Faust*. In: Werke in fünf Bänden. Berlin und Weimar: Aufbau-Verlag 1964, Bd. 5, S. 260
91 Keller 1992, S. 260
92 Goethe: *Zum Schäkespears Tag*. In: BA 17, S. 187 f.

2.7 Interpretationsansätze

"Lichtbringer" Luzifer, der von Gott aus dem Licht in die Finsternis (Hölle) verstoßen wurde, zu Faust als Akademiker seinen Famulus Wagner usw. Diese dialektischen Entsprechungen finden sich aber auch auf allen inhaltlichen Ebenen: Magie und Wissenschaft, Natur und Zivilisation, Gefühl und Vernunft, Kunst und Wirklichkeit, Fantasie und Erfahrung, Seele und Körper, Leidenschaft und Verstand. Faust steht inmitten dieser Spannungen und kann deshalb seine Wette mit dem Teufel ohne Gefahr eingehen. Würde er den Augenblick beschwören, um ihm Dauer zu verleihen, gäbe er seine Stellung in diesem dialektischen Geflecht auf und würde sich selbst negieren, da es keine Entwicklung mehr gäbe.

Faust ist zuerst eine ideale Figur des Sturm und Drang. Er begehrt gegen die dem Menschen gesetzten Grenzen auf und ist darin Prometheus ähnlich; er fürchtet sich nicht vor dem Überschreiten der Grenzen der menschlichen Erkenntnis. Im *Vorspiel auf dem Theater* dominiert die **Ironie**. Sie ist ein wirkungsvolles Gestaltungsmittel Goethes und beherrscht Szenen wie die Schülerszene – Mephisto spielt die Karikatur eines akademischen Lehrers –, die Walpurgisnacht und das Intermezzo (Walpurgisnachtstraum). Für Mephistopheles ist die Ironie der wesentlichste Charakterzug, der nur selten zurücktritt. Sie ist Wesensmerkmal: Er als Gestalt des Verneinens und des irdischen Übels will Fausts Verneinen und Übel überwinden und ihm zum erfüllten Augenblick helfen. Das gelänge nur, wenn er sich selbst verneint.

Ironie wird in dem Vorspiel erkennbar im Vergleich mit der *Zueignung*. Beide miteinander ergeben eine Spannung grundsätzlicher Art, wie sie im *Faust* – man denke an die Spannung zwischen Faust und Mephisto – üblich ist. Spricht in der *Zueignung* der Dichter aus seinem Innersten, gibt er auch Schmerzen und Konflikte der Vergangenheit kund, so ist das *Vorspiel*

2.7 Interpretationsansätze

das kalkulierende Zugeständnis an die Umgebung. Der Kontakt wird über die **Stanze** hergestellt: In der *Zueignung* verwendet sie der sprechende Dichter, im *Vorspiel* bemüht sich zu Beginn der Direktor darum, ohne dass sie ihm vollständig gelingt. Er überlässt sie dann dem Dichter, der zu Beginn in zwei wohlgefügten Stanzen spricht. Nur stellt er andere Ansprüche als der Dichter der *Zueignung*: War es für diesen das eigene Leben, das mit den „schwankenden Gestalten" ins Licht und in die Erinnerung trat, so ist es jetzt der die Unsterblichkeit beschreibende Dichter, von dem sich sein Werk gelöst hat.

Die Verse der drei Erzengel und ihre abschließenden drei Verse sind von einer solchen sprachlichen, reimtechnischen, rhythmischen und klanglichen Schönheit, dass sie in jeder Hinsicht in sich und ihrer Vollkommenheit ruhen und poetische Unsterblichkeit bedeuten. Sie entspricht der **Harmonie des Himmels**, die ewig und unzerstörbar erscheint. Die auf die pythagoreische Kosmologie zurückgehende Vorstellung der rotierenden Kristallschalen, an denen die Planeten hängen, war wissenschaftlich seit Giordano Bruno und Johannes Kepler widerlegt, aber als ästhetische Vorstellung war sie Bildungsbestandteil. Da aber auch dieser Himmel der Dialektik unterliegt, ist die Erde samt Hölle, vertreten durch Hexen und Mephistopheles, das Gegenteil: Alles Menschliche ist ständig vergänglich, zerstörbar und voller Widersprüche, deren Lösung zumeist tragischen Charakter bekommt. Aufzuheben sind sie dadurch, dass die Betroffenen nach ihrer menschlichen Vergänglichkeit in die himmlische Ewigkeit aufgenommen werden: Gretchen am Ende des ersten Teils, Faust am Ende des zweiten. Mephisto bringt zu diesem Teil der dialektischen Spannung die unaufwendigere Metaphorik und den niederen Ton des Irdischen ein. Das teilt er dem Herrn auch mit, indem er seine dem Erzengel-Pathos entgegen ge-

2.7 Interpretationsansätze

setze Banalität verteidigt: „Verzeih, ich kann nicht hohe Worte machen." (V. 275)

Zentrales Thema

Das zentrale Thema des Werkes ist **Fausts Suche** nach den bestimmenden Gesetzmäßigkeiten der Welt. Dahinter treten andere Aufgaben, an denen er ebenfalls scheiterte, zurück: „Bilde mir nicht ein, was Rechts zu wissen,/Bilde mir nicht ein, ich könnte was lehren,/Die Menschen zu bessern und zu bekehren." (V. 371 ff.). Das Interesse Fausts an den Menschen ist gering; sie sind für ihn „Pöbel". Ob sie überhaupt „zu bessern" sind, bleibt dahin gestellt. Dass Faust etwas dafür tun will, wie viele Interpreten[93] behaupten, ist fraglich. Um soziale Widersprüche geht es diesem Faust nicht; er möchte nur nicht mehr sagen, „was ich nicht weiß" (V. 381) und möchte erkennen, also wissen, „was die Welt/Im Innersten zusammenhält" (V. 382 f.). Folgen für die Gesellschaft hat das nicht. Da es mit dem individuellen Einsatz und trotz des überragenden Geistes Fausts nicht gelungen ist, das von ihm erstrebte Wissen zu erreichen, sucht er Rettung in der schwarzen Kunst. Faust will sogar in den Tod gehen, um die Grenze des menschlichen Wissens zum göttlichen Wissen hin zu überschreiten. Das im Sturm und Drang verbreitete **Motiv des Selbstmordes** wurde bei Goethe modifiziert verwendet. Man findet es im *Werther*, im 13. Buch von *Dichtung und Wahrheit* beschreibt Goethe seine Überlegungen zum Selbstmord[94] aus der Zeit der Entstehung des *Urfaust* und sogar die Arten des Selbstmords. Das alles entspricht den Verwendungen des Themas im Sturm und Drang. Für Faust ist der Selbstmord jedoch der Versuch, die irdischen Grenzen zu durchbrechen und zu „neuen Ufern"

---

93 Vgl. Hartmann, S. 62
94 „Der Selbstmord ist ein Ereignis der menschlichen Natur, welches, mag auch darüber schon soviel gesprochen und gehandelt worden sein, als da will, doch einen jeden Menschen zur Teilnahme fordert, in jeder Zeitepoche einmal verhandelt werden muss." BA 13, S. 626 f.

zu gelangen (V. 701). Seine Erwartungen ähneln bis in Formulierungen hinein denen des Odysseus in Dantes *Göttlicher Komödie,* der ebenfalls ins unbekannte Meer aufbrach, um Wissenschaft und Tugend zu erstreben.[95] Faust wird durch „Glockenklang und Chorgesang" vom Selbstmord zurückgehalten.

Ein besonderes Thema ist das der **Kindesmörderin**. Im *Faust* ist die Sympathie des Dichters eindeutig auf der Seite Gretchens. Da wirkt auch die Sturm-und-Drang-Überlegung nach, dass es sich bei solchen Fällen um soziale Widersprüche handelt, die ungelöst sind. In der Szene *Am Brunnen* wird in Lieschens Rede deutlich, wie man an Betroffenen seine Schadenfreude abreagiert. Gretchen sieht sich indessen schon in die Situation der Rechtfertigung getrieben. Tatsächlich stoßen menschliche Gesetzlichkeit und natürliches Verlangen aufeinander, weisen die Grenzen der menschlichen Ordnung und die Hilflosigkeit der Gesetzgebung aus. Andererseits scheute sich Goethe nicht, diese Gesetzlichkeit selbst einzuhalten. Solche Kindesmörderinnen waren Lieblingsfiguren des Sturm und Drang, denn an ihnen ließen sich nicht nur freie Gefühle und sinnliche Erfüllung, sondern auch die sozialen Zwänge ausstellen. Sie waren Sinnbild des Zusammenstoßes von Individuum und Gesellschaft, eines weiblich unterdrückten Individuums in einer männlich dominierten Gesellschaft. Wurden diese ledigen Mütter zur Kindesmörderin, gehörte ihnen die Sympathie der Dichter uneingeschränkt: Sie waren die personifizierten Opfer einer ungerechten Gesellschaft. Friedrich Müllers *Das Nußkernen*, Stäudlins *Seltha, die Kindermörderin*, Heinrich Leopold Wagners *Die Kindermörderin*, Lenz' *Zerbin* – alle Texte aus dem Jahre 1776 – und viele andere Zeugnisse stehen dafür. Höhe-

---

[95] Vgl. dazu: Dante: *Göttliche Komödie, Hölle, 26. Gesang,* V. 100–120

2.7 Interpretationsansätze

punkt der Entwicklung dieses Themas wurde das Gretchen aus Goethes *Faust*. – Der gleiche Goethe aber, der eine Kindermörderin als Opfer der gesellschaftlichen Zustände vorführte, entschied auf die Todesstrafe, wenn ihm als Angehörigem des Geheimen Conseils solche Fälle vorgelegt wurden und er als hoher Beamter juristisch, nicht poetisch zu entscheiden hatte. „Das Schockierende ist die Lässigkeit, mit der er ... sein Ja zur Todesstrafe gibt."[96] Das betraf die Kindsmörderin Anna Catharina Höhn, eine ledige Magd aus Tannroda. Brecht wies seine Schüler darauf hin,

> „Goethe habe sich als Minister dazu hergegeben, das Todesurteil über eine junge Kindesmörderin zu unterschreiben, die sogar der Herzog zu begnadigen wünschte"[97]

Die **Handlungszeit** des Dramas, da stimmen alle Fassungen überein, ist identisch mit der des *Götz von Berlichingen*. Es ist eine staatliche Umbruchszeit, die allerdings nur in Andeutungen und in den ironischen Brechungen deutlich wird. Sie ist nicht durch historische Vorgänge gesichert. Es ist eine Zeit der Auflösung des Reiches ebenso wie einer Neubildung des Reiches unter veränderten Vorzeichen.

Einfluss Shakespeares

Neu war an dem Stück, dass es die anerkannte aristotelische **Dreieinheit** (des Ortes, der Zeit und der Handlung) rigoros auflöste. Sie war nach dem Beispiel der antiken Dichter und der französischen Klassizisten durch Gottsched durchgesetzt und von Lessing weitgehend bestätigt worden. In Straßburg hatte sich Goethe intensiv mit Shakespeare beschäftigt und erkannt, dass dieser Dichter nicht nur ein unerreichbares Vorbild, sondern wegen dieser Vorbildlichkeit auch eine große Belastung sein

---

96 Damm, S. 90
97 Vgl. Werner Mittenzwei: *Brechts Verhältnis zur Tradition.* (Reihe: Literatur und Gesellschaft), Berlin 1972, S. 181 und Anmerkung 263, S. 261

konnte. Nicht mehr als ein Stück Shakespeares pro Jahr habe er vertragen, meinte Goethe rückblickend auf seine Jugend. Shakespeares Werke überzeugten Goethe davon, dass der vorgegebene Bühnenraum, die Voraussetzung für die Einheit des Ortes, und „die kurze, einer Vorstellung zugemessene Zeit", die Bedingung für die Einheit der Zeit, nicht geeignet schienen, „um etwas Bedeutendes vorzutragen"[98]. Noch gründlicher als im *Götz von Berlichingen* gab er der alten Dreieinheit eine neue Form: Der Handlungsort wurde nicht nur in viele Orte aufgelöst, sondern verließ auch die Ebene der Erfahrung, indem er einmal den Himmel, zum anderen die Hexenküche einbezog. Das war für einen Aufklärer wie Gottsched undenkbar und insofern bedeutete das Stück auch in der Auswahl der Orte einen **Bruch mit der herrschenden Dramaturgie** und ihren Werken.

---

[98] Goethe: *Dichtung und Wahrheit*, BA 13, S. 613

3. Themen und Aufgaben

Die Lösungstipps beziehen sich auf die Seiten der vorliegenden Erläuterung.

---

1) Thema: **Wer ist Faust (als Person)?**
   - Beschreiben Sie den historischen Faust und Goethes Faust. Gehen Sie auf Unterschiede ein und versuchen Sie zu erklären, wie sich diese Unterschiede ergeben haben.
   - Wieso wurde Faust ein bei den Deutschen besonders beliebtes Thema?
   - Gehen Sie auf eine Darstellung Fausts in einem Volksbuch ein.

Lösungshilfe: S. 21 ff.; Historia von Dr. Johann Fausten u.a.

---

2) Thema: **Die Entstehungsgeschichte des *Faust* (als Werk)**
   - Die lange Entstehung des Werkes steht in Zusammenhang mit Goethes Biografie. Stellen Sie das für die einzelnen Stufen dar.
   - Wie verhält sich das Werk zur Zeitgeschichte und zur Literaturentwicklung?
   - Gehen Sie einzelnen Beispielen der Literatursatire nach.

Lösungshilfe. S. 26 ff.; Goethes Selbstaussagen

3. Themen und Aufgaben

3) Thema: **Der Faust Goethes**
- Beschreiben Sie Fausts Charakter und gehen Sie dem Verjüngungsprozess nach.
- Analysieren Sie den Eröffnungsmonolog Fausts und sprechen Sie über seinen Wunsch.
- Welche Versuche unternimmt Faust, um seinen Wunsch zu erfüllen?

Lösungshilfe:
S. 44 ff., 51 ff. 83 ff.
Textgrundlage:
Verse 354 ff.

4) Thema: **Der Pakt zwischen Faust und Mephistopheles**
- Welche Bedeutung hat die Wette zwischen dem Herrn und Mephisto für das Stück?
- Beschreiben Sie den Inhalt der Wette zwischen Faust und Mephisto.
- Wie schätzen Sie die Chancen für die beiden Beteiligten ein?

Lösungshilfe.
S. 47 ff.

Textgrundlage:
V. 299 ff.,
V. 1641 ff.

5) Thema: **Fausts Verhältnis zu den Geistermächten**
- Beschreiben Sie Fausts Versuch, den Erdgeist zu gewinnen. Um welche Fragen geht es bei diesem Versuch?
- Welche anderen Erfahrungen macht Faust mit Geistern (Hexenküche, Walpurgisnacht)?
- Was bringen die Geisterchöre? Wie wirken sie auf Faust?

Textgrundlage:
V. 419 ff.
V. 2337 ff.,
V. 3835 ff.

3. Themen und Aufgaben

6) Thema: Faust Weg durch die kleine Welt
- Beschreiben Sie die Stationen, die Faust mit Mephisto durchläuft. Welche Erfahrungen macht er?
- Welches Verhältnis hat Faust zu den einzelnen Erlebnissen?
- Bestimmen Sie das Bild der akademischen Welt, die Faust erlebt (Wagner, Schüler, Auerbachs Keller, Walpurgisnachtstraum)

Textgrundlage: V. 354 ff., 522 ff., 903 ff., 1877 ff., 2073 ff., 4223 ff.

7) Thema: Die Szene *Wald und Höhle*
- Welche Bedeutung hat diese Szene für das Stück?
- In welchen besonderen Konflikt kommt Faust und wie wird er gelöst?
- Beschreiben Sie die dramaturgische Funktion dieser Szene.

Lösungshilfe: S. 59 ff.

Textgrundlage: V. 3217 ff.

8) Thema: Die Gretchen-Tragödie
- Beschreiben Sie die Beziehung zwischen der *Hexenküche* und der Gretchen-Tragödie.
- Analysieren Sie Fausts Gefühle für Gretchen und seine Vorstellungen von ihrer Beziehung. Beschreiben Sie Gretchens Charakter am Beispiel der beiden Schmuckschatullen.

Lösungshilfe: S. 53 ff., 83 ff.

Textgrundlage: V. 2603 f., 2783 ff., 2874 ff., 3247 ff.

3. Themen und Aufgaben

- Wie wirkt sich Fausts Agieren auf die Familie Gretchens aus (Mutter, Valentin, Gretchens Kind)?
- Warum flieht sie am Ende nicht mit ihm?

9) Thema: **Faust – die deutsche „Nationallegende"**   Lösungshilfe: S. 110 ff.
- Was ist „deutsch" an dem Faust-Stoff und seinen Konflikten?
- Wie erklären Sie sich die ungebrochene Beschäftigung mit dem Stoff und den durch ihn aufgeworfenen Fragen?
- Wählen Sie sich einzelne Rezeptionsvorgänge und beurteilen sie die von ihrem Zusammenhang mit der deutschen Geschichte her.

10) Thema: **Die Wirkungen von Goethes *Faust***   Lösungshilfe: S. 122 ff.
- Skizzieren Sie persönliche Eindrücke bei der Lektüre oder einem Theaterbesuch.
- Versuchen Sie, Wirkungen von Goethes Faust im Alltag aufzufinden (Zitate, Verweise, Anspielungen, Werbungen usw.).
- Warum hat sich die Beschäftigung nach dem Zweiten Weltkrieg mit Goethes Faust verändert? Gehen Sie auf die Bedeutung Thomas Manns ein.

4. Rezeptionsgeschichte

Das *Fragment* von 1790 wurde gefeiert von den einen, von den anderen verständnislos betrachtet. Friedrich Schlegel hielt es für das Zeichen eines großen Mannes, aus dem aber „bald ein Höfling" geworden sei, weshalb seine anderen Werke „der Abdruck einer eigennützigen, kalt gewordenen Seele" wären.[99] Andere nahmen Goethe übel, dass er zwar „schöne Stellen" geschrieben habe, „aber nebenher kommen Dinge, die nur der in die Welt schicken konnte, der alle anderen neben sich für Schafsköpfe ansah"[100]. Einig waren sich die Freunde und kritisierenden Zeitgenossen, dass die Gestalt des Gretchens neuartig für Goethe, aber auch für die deutsche Literatur war. In ihrer Naivität und Unschuld werde die Natur erkennbar, der sich der Sturm und Drang verpflichtet hatte. Häufigster Angriffspunkt war die Unterschiedlichkeit der formalen Anlage. Hier hatte Goethe **das Fassungsvermögen seiner Zeitgenossen überfordert**, indem er die vorhandenen klassizistischen Elemente mit denen des neu entdeckten Shakespeare-Dramas verband und in diese Mischung hinein Versatzstücke aus deutscher Schwank- und Fastnachtsspieltradition versenkte.

Faust. Der Tragödie Erster Teil wirkte nicht nur auf die Literatur und anfangs keineswegs auf das Theater, sondern auf andere Künste. Goethe stand seinem Jugendwerk zurückhaltend gegenüber; „das Teufels- und Hexenwesen" habe er nur einmal gemacht, die Beschränkung des Faust auf eine kleine Welt, in der er seine Ich-Bezogenheit leben konnte, war ihm nun suspekt.[101] **Lieder** daraus wurden von Beethoven und Schubert ver-

`Lieder und Bilder`

---

99 Friedrich Schlegel an August Wilhelm Schlegel, Oktober 1792. In: Bode, Bd. 1, S. 442
100 Christian Gottlob Heyne (Vater von Therese Heyne, der Frau Georg Forsters; 1729–1812) an Georg Forster. In: Bode, Bd. 1, S. 435
101 Eckermann, 16. Februar 1826 und 17. Februar 1831

4. Rezeptionsgeschichte

tont, aber auch das gesamte Werk wurde Gegenstand von Komponisten. Bilder, **Illustrationen** und Plastiken, von Johann Heinrich Ramberg, Friedrich August Moritz Retzsch, Peter Cornelius bis zu den berühmten Illustrationen Eugène Delacroix'[102], entstanden. Goethe selbst hatte den *Prolog im Himmel*, eine beeindruckende Skizze vom Erdgeist und anderes, insgesamt sieben Entwürfe, gezeichnet. Zum 250. Geburtstag Goethes 1999 stellte der Altrocker Udo Lindenberg in Weimar 15 Gemälde zu Goethes *Faust* unter dem Titel *Der Pakt* aus. Die Beobachter bescheinigten ihm, wenn auch mit ironischem Unterton[103], Sinn für das Wesentliche zu haben.

Zeitgenossen identifizierten durchaus Goethe mit Faust. So trug die Schriftstellerin Friederike Brun (1772–1837) 1795 nach einer Begegnung mit Goethe in Karlsbad in ihr Tagebuch ein:

> *„Heute sah er zuweilen leibhaftig aus wie sein Faust. Bald glaubte ich ihn auf dem Fass zu sehen, und dann glaubte ich wieder, der Gottseibeiuns würde ihn auf der Stelle holen ... O Goethe, wie irret dein großer Geist umher! Die Erde war dir zu niedrig, und du verschmähst den Himmel! Welche Stunde wird die deines Erwachens sein? Nun schwebt er zwischen Himmel und Hölle."*[104]

Ähnliches vermerkte Helene von Kügelgen in einem Brief an ihren Mann Franz Gerhard von Kügelgen, nachdem *Faust. Erster Teil* 1808 erschienen war.[105] Der Kunstsammler und

---

[102] Zu Eckermann meinte Goethe am 28. November 1826, Delacroix habe am *Faust* „die rechte Nahrung gefunden".
[103] Veit-Mario Thiede: *Der kleine Udo und die vom Leben gezeichnete Bilderwelt*. In: Freie Presse, Chemnitz, vom 7. September 1999
[104] Bode, Bd. 2, S. 39
[105] „Ich liebe ihn wahrlich, ob ich gleich nicht zweifle, dass er den Mephistopheles persönlich kennt, den er so treu gemalt hat, und dass er den Faust in hoher Person gespielt hat auf des Lebens Theater." In: Bode, Bd. 2, S. 415

4. Rezeptionsgeschichte

Schriftsteller Sulpiz Boisserée sah sich durch die Gestalt des Faust ebenfalls an Goethe selbst erinnert.[106]

Die Leser spürten 1808 die **Einzigartigkeit des Werkes**. Therese Huber (1764–1829), die Frau Georg Forsters, schrieb an den Züricher Dichter und Zeichner Johann Martin Usteri am 12. Juni 1808:

> *„Wie deucht Ihnen Goethes Faust, soweit er nun da ist? Nicht als Drama, nicht als geregeltes Kunstwerk, aber als Frucht eines Geistes? Ist da nicht Kunst und Natur erschöpft? Ist nicht das Weh und Glück des Menschen darin erschöpft?"*[107]

Sie behielt ihre enthusiastische Zustimmung bei, auch wenn sie zum Menschen Goethe Kritisches zu sagen hatte und im Mephisto ein Abbild des Dichters sah.

Die Zustimmung war keineswegs einhellig. Der aufklärerische Kreis um Nicolai – Nicolai war in der Walpurgisnacht als Proktophantasmist verspottet wurden – hielt das Werk für unverschämt, Fausts Charakter für mangelhaft und den Mephisto für einen „elenden Hanswurst". Neben einigen geglückten Szenen gäbe es viel „alltägliches, gemeines Geschwätz", ein Intermezzo (der Walpurgisnachtstraum) mit „pöbelhaften Zoten", das danach verlangte, sich „diesem goethischen Unwesen (zu) widersetzen"[108]. Der Aufklärer und Weimarer Freund Goethes Christoph Martin Wieland war beeindruckt, aber auch irritiert von der „barock-genialischen Tragödie", dem „exzentrischen Geniewerk", das eine Mischung aus „diabolischer Schöpfungskraft" in der **Art des Höllen-Breughel** und „pöbelhafter Unfläterei" in der Art des Aristophanes sei, mit der sich Goethe mehr geschadet, „als ihm sein ärgster

---
106 ebd., S. 516
107 ebd., S. 392
108 Der Lehrer Christoph Daniel Ebeling an Friedrich Nicolai, 14. Juni 1808. In: Bode, Bd. 2, S. 392 f.

Feind jemals schaden könnte"[109]. Die Romantikerin Dorothea Schlegel sah in dem fertigen Werk nun noch mehr Fragment als im früheren, erkannte die Satire auf Nicolai und kritisierte: „Das Verhältnis des Menschen zum Bösen ist, meine ich, auch gar nicht klar und bestimmt genug dargestellt." Calderon sei tiefer gewesen, aber die „letzte Szene von Gretchen im Gefängnis", die ebenfalls Calderons Geist atme, wurde in höchsten Tönen gelobt und als „romantisch-tragisch im allerhöchsten Sinn"[110] gepriesen. Aufschlussreich ist ihre Kritik am Verhältnis zum Bösen. Für die Romantik war das Gute und das Böse eine Antinomie, nicht so für Goethe. Sein in Platos Folge entworfenes Wertesystem, in das Faust durch die Wette zwischen dem Herrn und Mephisto eingespannt wurde, ging vom Guten als dem beherrschenden Zustand und Ziel aus, dem das Böse als Mahnung an das noch nicht vorhandene Gute, nicht als Wert an sich entsprach. Insofern war Mephistopheles der „Schalk" (V. 339), der ein durchaus angenehmer und notwendiger Partner für den Herrn und in dessen Stellvertretung auch für seinen „Knecht" Faust war. Für Dorothea Schlegel wurde Goethes *Faust* zum romantischen Text, der mit seiner Fragment-Struktur auch der romantischen Ästhetik entsprach.

Eine folgenreiche Wirkung hatte **Heinrich Heines Beschäftigung mit dem Faust-Stoff**. Einem Freunde gestand er, einen Faust schreiben zu wollen, „nicht um mit Goethe zu rivalisieren, nein, nein, jeder Mensch sollte einen Faust schreiben"[111]. Obwohl der Freund riet, diesen Faust nicht drucken zu lassen, würde doch das Publikum ihn für arrogant halten, geschah etwas anderes. Heine besuchte Goethe am

---

[109] Christoph Martin Wieland an den Dichter und Zensor in Wien Joseph Friedrich von Retzer, 20. Juni 1808. In: Bode, Bd. 2, S. 393 f.
[110] Dorothea Schlegel an ihren Mann Friedrich Schlegel, 24. Juni 1808. In: Bode, Bd. 2, S. 395 f.
[111] H. H. Houben (Hg.): *Gespräche mit Heine*. Potsdam: Rütten & Loening, 1948 (2. Auflage), S. 81

4. Rezeptionsgeschichte

2. Oktober 1824 in Weimar. Als dieser ihn fragte, womit er sich beschäftigte, „antwortete der junge Dichter: ,Mit einem Faust.' Goethe ... stutzte ein wenig und fragte in spitzem Ton: ,Haben Sie weiter keine Geschäfte in Weimar, Herr Heine?'"[112]
Für Karl Gutzkow, wie Heine ein Jungdeutscher, gehörte Goethes *Faust* neben der Bibel, dem Gesangbuch und einer Predigtsammlung zu der bevorzugten Lektüre, später zum Lebensbegleiter.[113] Franz Grillparzer vertraute seinem Tagebuch enthusiastisches Lob an, obwohl er von Freunden anders beeinflusst worden war. Nachdem er den *Faust* ein zweites Mal gelesen hatte, fand er:

> *„Fausts schwermütige und doch kraftvolle Züge, Margarethens reine himmlische Engelsgestalt gleiteten an meinem trunkenen Auge vorüber; der kühne, interessante Mann, in dem ich so oft mich selbst wiederfand oder doch wiederzufinden glaubte, setzte meine Phantasie in Flammen, riss meine Seele auf immer von Schillers rohen, grotesken Skizzen weg und entschied meine Liebe für Goethen."*[114]

Zur Rezeption gehören auch die zahlreichen **Parodien**[115] auf Goethes *Faust*. Das sind zum einen die Fortsetzungen und Weiterführungen wie die von F. T. Vischer. Zum anderen aber auch die Variationen auf die bekannten und immer wieder zitierten Ausschnitte oder Variationen auf das gesamte Stück. Jüngste Beispiele sind Rolf Vatkes *Goethes Faust in Schüttelreimen* (1999) und Peter Ensikats *Ostspaziergang*. Vatkes Osterspaziergang beginnt so:

---

112 ebd., S. 100
113 Vgl. Karl Gutzkow: *Aus der Knabenzeit*. In: Ausgewählte Werke in zwölf Bänden. Leipzig 1911, Bd. 10, S. 122 ff.
114 Bode, Bd. 2, S. 479
115 Eine Auswahl von Faust-Parodien bei Schmidt, S. 326 f.: Darunter befinden sich: *Mephistopheles und die Universitäten* von Rudolf von Laun (Hamburg 1969), *Goethes V'st* von F. J. Bogner (Darmstadt und Neuwied 1973) und Jürgen von Mangers *Bleibense Mensch* (München 1974)

> *"Vom Eis befreit die Bäche schwellen./Die Hunde ohne Schwäche bellen./Die Sonne in die Berge zwang/den Winter, wo die Zwerge bang./Wie bunt ist die Natur so! Nun,/will Mensch sein, und nicht nur so tun!"*[116]

Ensikat ist ein erfolgreicher und sehr oft gedruckter Kabarettist, von Dieter Hildebrandt, dem „Scheibenwischer"-Initiator, als „der meistaufgeführte Theaterautor der DDR" gepriesen.[117] Ensikats Parodie beginnt:

> *"Von Lenin befreit sind Straßen und Plätze/durch der Freiheit wilden, belebenden Blick./In Deutschland blüht Gedächtnislück'./Der alte Erich mit seiner Metze/zog sich ins rauhe Moskau zurück./Von dorther sendet er, fliehend nur,/ohnmächtige Schauer seniler Sprüche./Der Rest macht eine Entziehungskur/ und konzentriert sich aufs Wesentliche. Überall regt sich dynamisches Streben –/Vergangenheit hat es bei uns nie gegeben./An Idealen fehlt's im Revier./Wir nehmen gebrauchte Autos dafür."*[118]

Eine außergewöhnliche Auseinandersetzung mit Goethes *Faust* stellte 1947 Thomas Manns Roman *Doktor Faustus* dar; die symphonische Kantate *Dr. Fausti Weheklag,* in der Thomas Mann den Namen Fausts verwendet, den er sonst sorgsam vermeidet, geht auf das Volksbuch zurück. Es taucht auf, was Thomas Mann lebenslang in seiner Beschäftigung mit Goethe bewegte: Intimes und Gesellschaftliches, Ästhetisches und Politisches. Es war ein Roman gegen Hitler und einer für Goethe, in dessen Nachfolge sich

Thomas Manns *Doktor Faustus*

---

[116] Rolf Vatke: *Goethes Faust in Schüttelreimen.* Gesprochen von Helmut F. Albrecht, gezeichnet von Rolf Henn, inszeniert und produziert von Wolfgang Zinke. Baden-Baden: Merkton-Verlag, 1999 mit CD, S. 11
[117] Dieter Hildebrandt: *Peter Ensikat.* In: Peter Ensikat: Wenn wir den Krieg verloren hätten. Uns gab's nur einmal. Satiren. Berlin: Eulenspiegel, 1999, S. 6
[118] ebd., S. 155

4. Rezeptionsgeschichte

Thomas Mann sah. Es war für Thomas Mann notwendig, „einen Faust zu schreiben, weil auch Goethe einen geschrieben hatte"[119]. Es war um so dringlicher, weil sein Faust nicht vom Schöpferischen, sondern vom Zerstörerischen geprägt wurde. **Thomas Mann gab damit eine entscheidende Ergänzung zur deutschen Nationallegende.**
1952 beschäftigte sich **Brecht** mit dem *Urfaust*.[120] Goethes Faust insgesamt war ihm zuerst Material, das verwendet werden konnte. So wurde die *Garten*-Szene, in der die beiden Paare Marthe und Mephisto sowie Gretchen und Faust miteinander sprechen, in der 13. Szene im *Aufhaltsamen Aufstieg des Arturo Ui* (1941) parodiert und auch die Gretchen-Frage eingefügt.[121] Parallel zu Brechts Bemühungen schrieb der **Komponist Hanns Eisler** ein Libretto für eine „deutsche Nationaloper" *Johann Faustus* (1952), das zu heftigen Auseinandersetzungen in der Ostberliner Akademie der Künste führte. Weil Eisler versucht hatte, zu dem vorgoethischen Faust zurückzukehren – der Bauernsohn Faust verrät die Bauern, um als scheinbar freier Mensch Macht und Ruhm zu erreichen; er erreicht höchste Leistungen als Wissenschaftler, kann diese aber wegen des Teufelspaktes nicht anwenden – warf man Eisler vor, aus dem Humanisten Faust einen Renegaten geschaffen und Goethes Faust verraten, Utopien aufgegeben und Kunst ohne Hoffnung verkündet zu haben. Eisler brach die Arbeit an der Komposition 1953 ab.[122]

---

[119] Hermann Kurzke: *Thomas Mann. Das Leben als Kunstwerk*. München: Verlag C. H. Beck, 1999, S. 494
[120] Vgl. dazu: Werner Mittenzwei: *Das Leben des Bertolt Brecht oder Der Umgang mit den Welträtseln*. 2. Band. Berlin: Aufbau-Verlag, 1986, S. 460 ff.
[121] Vgl. dazu: Rüdiger Bernhardt: *Ein Gangsterstück im großen Stil. Brechts Der aufhaltsame Aufstieg des Arturo Ui*. In: Deutsche Komödien. Hg. von Winfried Freund. München: Wilhelm Fink Verlag, 1988, (UTB 1498), S. 248 ff.
[122] Vgl. dazu die ausführliche Beschreibung der Auseinandersetzung: Werner Mittenzwei: *Das Leben des Bertolt Brecht oder Der Umgang mit den Welträtseln*. 2. Band. Berlin: Aufbau-Verlag, 1986, S. 465 ff.

4. Rezeptionsgeschichte

Eine aufregende Rezeption erlebten Stoff und Werk Goethes bei dem Büchner-Preisträger des Jahres 2000 **Volker Braun**. Er eignete sich den Stoff an, projizierte ihn auf eigene Figuren und schrieb schließlich seine Faust-Variation *Hans Faust* (1968), die mehrfach umgearbeitet schließlich zu *Hinze und Kunze* wurde. Anregend bei der Beschäftigung mit *Faust* hat der Literaturwissenschaftler **Hans Mayer** gewirkt, der eine der intensivsten und umfangreichsten Auseinandersetzungen mit Goethes Werk betrieb: Im Herbstsemester 1962/63 las er in Leipzig über den jungen Goethe und den *Urfaust* und ging dabei mehrfach auf die Beziehung von Umkehrung und Polarität ein. Volker Braun saß in diesen Vorlesungen Hans Mayers. Was aus Vorlesungsmitschriften erschlossen wurde, findet der Leser nur wenig verhüllt in Brauns Erzählung *Der Hörsaal* (geschrieben 1964) aus *Das ungezwungne Leben Kasts* (1972). Wenn Kast von den überfüllten Vorlesungen Prof. R.s spricht, in die man ging, weil „alle Welt" hinging und dort auf „Treppen und Ecken" saß, so waren das die Vorlesungen Hans Mayers im legendären Hörsaal 40 in der Alten Universität.[123] Wenn in der Kast-Erzählung die entstehende Neigung zur Medizin-Studentin Linde wichtiger scheint als der Vorlesungsverlauf, so fallen doch die Reizworte der frühen Dichtung Brauns:

> *„Faust will bindungsloser Mensch sein, will alles in Besitz nehmen ... Niemals Erfüllung dauernden Glücks ... Egoismus seines Strebens, Unmenschlichkeit ... titanische Züge, Prometheus"*[124].

Volker Braun und Hans Mayer

---

[123] Volker Braun: *Der Hörsaal*. In: Das ungezwungne Leben Kasts. Berlin und Weimar: Aufbau-Verlag, 1979, S. 57
[124] ebd., S. 58

4. Rezeptionsgeschichte

Der Weg führte Volker Braun von der Beschäftigung mit Hans Mayers Vorlesung über den *Hans Faust* (1968) und die Hinze-Kunze-Variationen bis zum *Hinze-Kunze-Roman* (1985), in dessen Hauptgestalten Faust und Mephisto wieder auferstehen. In den „Notaten" Brauns zu *Hans Faust* findet sich die präzise Vorgabe für die Deutung, die in ihrer sprachlichen Kürze und der Konzentration auf Begriffe Brauns Werk ist, in ihrer methodischen Vorgabe aber an Hans Mayer erinnert:

> *„Faust will anfangs nicht alles wissen, sondern alles ändern: nicht spekulative Aktionen zur Befriedigung privater Interessen sondern bewusste Veränderung der Umstände, aus denen er sich nur spekulativ retten konnte = Arbeit als bewusste Gestaltung des Geschichtsprozesses."*[125]

Für den Dichter Peter Hacks ist Goethes *Faust* eine Darstellung frühkapitalistischer Umgangsformen:

> *„Die Mystiker von heute tragen randlose Brillen auf rosig smarten Gelehrtengesichtern. Diese Haltung könnte auch bei Faust interessieren und vorgeführt werden. Selbstmord nicht als leidenschaftsvoller Drang, die Endlichkeit der menschlichen Existenz zu sprengen, sondern als kühles, exaktes, letztes Experiment mit letalem Ausgang: als erkenntnistheoretische Atombombe."*[126]

Für Hacks ist das Werk eine Analyse des deutschen Kleinbürgertums, das die Menschen zerstört und zu geistigen Invaliden macht. Am konsequentesten sei Goethe im *Fragment* gewesen, denn es endete im konkret Sozialen: Gretchen fleht ihre Nachbarin um Hilfe an und „fällt in Ohnmacht" (nach V. 2136). Das Kleinbürgerliche ist, nach Hacks, die Verdrängung des Natürli-

---

125 Programmheft „Hans Faust". Deutsches Nationaltheater Weimar (Uraufführung 27. August 1968)
126 Peter Hacks: *Faust-Notizen (1962)*. In: Essais. Leipzig: Philipp Reclam jun. 1984, S. 393

chen und Gefühlsmäßigen zu Gunsten erstarrter Konventionen, die durch keine geistige Entwicklung mehr begründet sind.
Rezeptionsgeschichte wäre über *Faust* in **Anekdoten** zu schreiben. In Willi Bredels Roman *Die Väter* (1941) aus der Trilogie *Verwandte und Bekannte* wird die Gretchen-Tragödie auf der Reeperbahn gespielt, bei der es einen „mörderischen Skandal" gab, der tatsächlich ein höchst witziges Ereignis ist: Das Publikum setzte durch, dass **Faust Gretchen heiratete**, nachdem das Publikum es nachdrücklich gefordert hatte:

> „Watt heet hier gerettet? ... Datt is Mumpitz ...! Heiroden sall he se ...!"[127].

Ähnlich beschrieb das Brecht in einer ebenso provokanten wie unterhaltsamen Deutung der Liebesgeschichte:

> „... wie kann man nur die Frage stellen: Warum heiratet er nicht? Aber die einfachen Leute stellen diese Frage."[128]

Der Schauspieler Gerd Stendel wurde als Sechzehnjähriger für den Zweiten Weltkrieg gemustert und antwortete auf die Frage, was er zuletzt gelesen habe: „Den *Faust* von Goethe." Das provozierte den Vorsitzenden der Musterungs-Kommission, einen Reserve-Major und Studienrat so, dass er nach den letzten Worten Fausts fragte. Und als Stendel den Schlussmonolog tadelfrei vortragen konnte, „splitternackt vor einem Gremium, bei dessen Urteil es um Tod und Leben gehen konnte", erklärte ihn der Studienrat für zu „schmächtig" und damit unbrauchbar für den Militärdienst. So sehr hatte ihn der Vortrag beeindruckt. Stendel aber war für dieses Mal gerettet[129]. Dazu wäre ein Blick auf *Faust* in den Weltkriegen

---
[127] Willi Bredel: *Die Väter*. Roman. Berlin – Leipzig: Volk und Wissen Verlag, 1950, S. 124; auch in: Willi Bredel: *Unter Türmen und Masten*. Schwerin: Petermänken-Verlag, 1960, S. 158 ff.
[128] Bertolt Brecht: *Schriften zum Theater*, Bd. VII, Berlin und Weimar, Aufbau-Verlag, S. 68
[129] Gerd Stendel: *Wer war der Idiot?* Schkeuditz: Buchverlag, 2000, S. 10 f.

4. Rezeptionsgeschichte

nötig: Es wurde berichtet, dass die deutschen Soldaten mit dem *Faust* im Tornister 1914 in den Krieg zogen, „es hat vor allem von den Studenten unter ihnen gegolten"[130]. Ein solches Verständnis des *Faust* war ein Missverständnis, keineswegs hatte Goethe nationale Begeisterung im Sinn. Nach dem Ersten Weltkrieg ergaben Zählungen in Leihbibliotheken, dass von jugendlichen Arbeitern der Faust „öfter verlangt worden ist als alle Dramen Schillers zusammen"[131]. Nach dem Zweiten Weltkrieg war auch *Faust* diskreditiert: Der mit ihm so gern verbundene Schöpfungsgedanke war in grausame Vernichtung umgeschlagen. So eröffneten die Theater oft mit simplen Unterhaltungsstücken wieder die Bühnen; vom *Faust* sprach keiner. Da einige Theater, die auf sich hielten, Lessings *Nathan der Weise* inszenierten, entstand die Legende, das Stück sei geradezu programmatisch nach 1945 gewesen. Dem war keineswegs so.

Dass Goethes *Faust* auch andere Wirkungen haben kann, ambivalent wirke und **mitschuldig am „ominösen deutschen Wesen"** sei, behauptete Willi Jasper in einem flott geschriebenen, faktografisch aber ungenauen Buch, in dem auch gegenwärtige Entwicklungen mit der Faust-Tradition der Deutschen erklärt werden. Jasper sieht in Faust den „Kontrahenten von Lessings Aufklärer Nathan"[132] und durchaus auch einen Vertreter des Inhumanen. Obwohl Faust einen Pakt mit dem Teufel eingegangen sei und zahlreiche Verbrechen begangen habe, bliebe er unbestraft.

---

130 Buchwald, S. 15
131 ebd., S. 16
132 Von deutscher Nationaldichtung. http://www.akweb.de/ak_s/ak422/02.htm. Vgl. Willi Jasper: *Faust und die Deutschen*. Berlin: Rowohlt Verlag, 1998

5. Materialien: Inszenierungen

Ursprünglich hatte Goethe wie bei seinem *Tasso* oder der *Natürlichen Tochter* eine Aufführung des *Faust* nicht im Sinn. Allerdings begann die Dichtung schon bald nach der Ankunft in Weimar dadurch zu wirken, dass Goethe sie bei Hofe oder Freunden vorlas. Auch wurden Szenen bei anderer Gelegenheit rezitiert.[133] 1810 überlegte Goethe erstmals eine Aufführung; im April des Jahres trug Ludwig Devrient in Breslau das *Vorspiel auf dem Theater* vor. In Abständen kamen diese Ideen wieder. Im Oktober 1812 war der Schauspieler Pius Alexander Wolff an diesen Überlegungen beteiligt; ein Inszenierungsversuch für Weimar wurde entworfen. Schauspieler, die sich mit beiden Teilen beschäftigten, standen – wie Bruno Ganz noch bei der Expo 2000 – immer wieder vor der Frage,

„*wie die Teile zusammenhängen. Es gibt, anders als etwa bei Shakespeare, nicht eine Art Schicksal einer Figur. Das sind ja alles viel eher Repräsentanten als Personen.*"[134]

Ohne aufgeführt zu sein, interessierte sich die literarische Öffentlichkeit für den Dichter und seinen *Faust*. Daran hatte **Madame de Stael** (Anne-Louise-Germaine Baronne de Stael-Holstein geb. Necker, 1766–1817) besonderen Anteil, die in ihrem Buch *De l'Allemagne* (*Über Deutschland*, 1813/14) nicht nur ihre Begegnungen mit Goethe beschrieb, sondern auch Teile des *Faust* übersetzte und einfügte. Ihr Buch wurde im Goethe-Kreis unterschiedlich diskutiert: Während Goethes Freund Knebel dem Buch Bedeutung absprach, weil es dem „kleinlichen Geist" der Deutschen nicht gerecht würde, sah

---

133 Am 13. Januar 1809 wurden in Weimar bei einem chinesischen Schattenspiel einige Szenen rezitiert.
134 Bruno Ganz. Spiegel-Gespräch *Diese Rolle gehört mir*. In: Der Spiegel Nr. 50, 2000, S. 235

die Gräfin von Schimmelmann im Buch selbst die Schwierigkeiten, da die Verfasserin Deutschland nicht so kenne „wie sie es glaubt"[135]. 1819 wurden einige Szenen des Stückes im Palais des Fürsten Radziwill in Berlin mit der Musik des Fürsten aufgeführt; Goethes Sohn August mit seiner Frau Ottilie waren dabei.[136]

Erst am 19. Januar 1829 fand die deutsche Uraufführung durch Ernst August Friedrich Klingemann in Braunschweig statt, nachdem es im Herbst 1828 eine Aufführung einer französischen Bearbeitung in Paris gegeben hatte.

Klingemann, der selbst einen Faust geschrieben hatte und diesen aufführte, wurde vom Herzog Karl von Braunschweig verpflichtet, Goethes Faust zu inszenieren. Mit dem Zensor wurde abgestimmt, auf alle Kirchenangriffe zu verzichten. Diese waren auch in späterer Zeit immer wieder Grund für Verbote, Kürzungen oder Bearbeitungen des Stückes. Die Uraufführung wurde ein großer Erfolg, Klingemann hatte das Stück radikal gekürzt: Es fehlten die beiden Vorspiele, einige Gretchen-Szenen und die Walpurgisnacht.

Es folgten etliche andere Aufführungen, um den Dichter zu seinem 80. Geburtstag zu ehren (Hannover, Bremen, Dresden, Frankfurt a. M., Leipzig).

In Leipzig und Dresden nahm Ludwig Tieck die Bearbeitung, die lange auf den Bühnen herrschte, auf der Grundlage der Bearbeitung von Klingemann vor. In Dresden fand am 27. August 1829 die erste Aufführung statt. Tieck betrachtete sie als Konzession an das Publikum, musste doch seiner Meinung nach das große Werk Goethes durch eine Bühneneinrichtung an Gehalt verlieren. Seine

---

135 Bode, Bd. 2, S. 608, 612
136 Die Aufführung der gesamten Musik Radziwills fand erst am 26. Oktober 1836 in der Berliner Singakademie statt. Eduard Devrient richtete die Aufführung ein und las den Text.

Aufführungen hatten größere Rücksichten auf die Zensur zu nehmen, da in Sachsen besonders diffizile Religionsverhältnisse herrschten. Der Hof war katholisch, die Bevölkerung protestantisch. So wurde Luthers Namen in ‚Auerbachs Keller' (V. 2129) ersetzt durch „der gelehrteste Chinese". In Wien, wo man sich schwer tat und Goethes Werke gemeinsam mit denen der Jungdeutschen 1847/48 verboten hatte, wurde „Und leider auch Theologie" geändert in „Zuletzt auch noch Theologie"[137]*. 1849 wurde unter Leitung Karl Gutzkows eine fast vollständige und unveränderte Fassung in Dresden aufgeführt. Erst seit 1856 wurde der ‚Prolog im Himmel' gespielt.*
Im August des Jahres der Uraufführung hatte das Weimarer Theater seine erste Aufführung, deren Vorbereitung fast ein Jahr dauerte.

Immer umstritten war der Mephistopheles. Sollte er nun wie der Teufel der Volkssage gespielt werden, als ein „erdiger, knarrender Geist" oder als „der Marinelli der Hölle, den Goethe im Sinne hatte"?[138] **Devrient nutzte die Gelegenheit, um seine Vorstellung von einem Mephisto vorzutragen:**

„Sollte Goethes Intention, die den Teufel als edlen Junker in ebenso vernichtender als graziöser Ironie vorführt, ganz beseitigt und nur der widerlich kotige und zotige Teufel vom Blocksberge gezeigt werden, so hätte das krasse Realitätsprinzip bis aufs äußerste verfolgt werden müssen: die Sprache hätte wirklich nervenerschütternd, das Aussehen in der Tat entsetzlich, das Pusten wirklich schwefelriechend sein müssen usw.; Seydelmann aber hatte an der Grenze der gewöhnlichsten Theatermittel Halt machen müssen und war dadurch in Widerspruch mit des Dichters wie mit seiner eigenen Intention geraten.

---

[137] Vgl. BA 8, S. 785
[138] Karl Immermann über den Mephisto Karl Seydelmanns (1793–1843), Devrient, Bd. 2, S. 330.– Marinelli ist der Kammerherr des Prinzen und der teuflische Drahtzieher in Lessings *Emilia Galotti*.

5. Materialien: Inszenierungen

Schwerlich wird Goethes Mephistopheles jemals auf der Bühne überzeugendes, allgenügenden Leben gewinnen; an Seydelmanns Auffassungsweise deckte diese Rolle die Grenze schonungslos auf, er musste die Gestalt gewordene Ironie auf den Boden der greifbaren Materialität herabziehen, um sich ihrer zu bemächtigen."[139]

Legendär wurde die Mephisto-Darstellung Gustav Gründgens'(1899–1963) 1926 im Berliner Staatstheater. Herbert Jhering beschrieb Gründgens' Mephisto so:

„Gründgens spielt den Agenten Fausts, einen Manager Schmelings, einen Stellenvermittler der Hölle. Er agitiert und treibt an, ein Demagoge, ein Unterhändler. Er engagiert Faust für eine Weltreise und versucht seinen Champion in Form zu bringen. Er macht ihm gute Laune durch Zauberkunststücke. ... Er blitzt und funkelt. Er spielt ein naives Zaubermärchen mit lächelndem Snobismus. Er spielt hundert Variationen über das Thema Mephisto, aber niemals das Thema selbst. Er spielt Bemerkungen zum Mephisto, witzige Fußnoten gegen die Goethe-Philologen, aber niemals den neuen, modernen Mephisto selbst."[140]

Gründgens' Mephisto[141] *wurde so berühmt, dass auf die im Nationalsozialismus zwielichtig handelnde Gestalt des Schauspielers der Name seiner Figur übertragen wurde.* **Gründgens galt und gilt heute noch als Mephisto (vgl. auch Titelabbildung).**

---

139 Devrient, Bd. 2, S. 330
140 Herbert Jhering: *Theater in Aktion. Kritiken aus drei Jahrzehnten 1913–1933.* Berlin: Henschelverlag, 1986, S. 586
141 Nach dem Zweiten Weltkrieg wurde Gründgens von 1955 bis 1963 Intendant des Deutschen Schauspielhauses Hamburg und spielte in den Inszenierungen *Faust I* (1957) und *Faust II* (1958) wiederum den Mephisto, ebenso 1954 am Düsseldorfer Schauspielhaus (*Faust I*).

5. Materialien: Inszenierungen

Thomas Manns Sohn Klaus Mann (1906–1949), dessen Schwester Erika mit Gründgens verheiratet war, schrieb einen Roman, den er *Mephisto* (1936)[142] nannte.

Beschrieben wurde der Typ jenes deutschen Intellektuellen, der als überzeugter Anhänger des Nationalsozialismus auftrat, nachdem er zuvor anderes verkündet hatte, der Typ, der politische Gesinnung wie geistige Lauterkeit um der Eitelkeit und des Ruhmes willen aufgab.

„‚Mephisto' ist der Roman einer Karriere im Dritten Reich. ... Der ruchlos brillante, zynisch rücksichtslose Karrieremacher, der im Mittelpunkt meiner Satire steht, mag gewisse Züge von einem gewissen Schauspieler haben, den es wirklich gegeben hat und, wie man mir versichert, wirklich noch immer gibt. Ist der Staatsrat und Intendant Hendrik Höfgen, dessen Roman ich schrieb, ein Porträt des Staatsrates und Intendanten Gustaf Gründgens, mit dem ich als junger Mensch bekannt war? Doch nicht ganz."[143]

Zum Spielfilmklassiker wurde der Kinofilm von 1960 unter der Regie von Peter Gorski nach dem Drehbuch von Gründgens (der Bühneninszenierung folgend) und – natürlich – mit Gründgens als Darsteller des Mephisto.

„Als Mittelweg zwischen Verfilmung und Bühnenwiedergabe gedacht, fesselt die Aufzeichnung überwiegend und überzeugend im letzteren Sinne."[144]

---

[142] Nach dem Buch entstand Istvan Szabos weltberühmter Film *Mephisto*, der wiederum weitere Beschäftigungen mit dem Stoff nach sich zog. 1986/87 wurde *Mephisto* für die Bühnen (Autorinnen: Marielle Momm und Maria Caleita) in der Münchner Schauspielbühne inszeniert, sein Thema vom verantwortungslosen deutschen Intellektuellen bis in die Gegenwart der Bundesrepublik fortgeschrieben.
[143] Klaus Mann: *Der Wendepunkt. Ein Lebensbericht*. Berlin und Weimar: Aufbau-Verlag, 1974, S. 438 f.
[144] *Lexikon des internationalen Films*. CD-ROM. Ausgabe 2001.

5. Materialien: Inszenierungen

Es war auch üblich, den *Faust*, besonders den *Urfaust*, als Zauberstück zu inszenieren. Zauberstücke haben eine reiche Tradition, von Shakespeare bis zu Nestroy. Goethes Stück hat, wie der Ausgangspunkt des Puppenspiels zeigt, viel mit einem Volksstück zu tun. Als Brecht 1952 den *Urfaust* inszenierte, war es für ihn eine „Art Jungbrunnen für das deutsche Theater". Auch später wurde im Berliner Ensemble das Stück besonders gepflegt. Über eine Inszenierung 1984 (Regie: Horst Sagert) in dem Theater Brechts, schrieb der Kritiker Günther Cwojdrak:

„Sagert hat die Faust-Szenen als ein Zauberstück aufgefasst, warum auch nicht ... Schwarze Lemuren, weiße Laken, Feuerbrände am Abendhimmel hinter der gotischen Kathedrale, Engel aller Arten, ein gekreuzigter Engel, der geflügelte Luzifer und ein ausgewachsener Kentaur: Faust kam bei dem Vorgang einfach zu kurz. In diesem Reigen, wo sich Zauberstück und Zirkus mischten, fehlte es nicht an Kruditäten; von einem Gerippe werden Stücke abgesäbelt, und auf einem Bein wird dann gepfiffen. Auch in Auerbachs Keller geht es ziemlich unkonventionell zu. Die Leute dort, denen Mephisto einschenkt, erweisen sich als Jünger eines altmodisch-modernistischen Phalluskults; da könnten die sieben Schwaben noch einiges lernen."[145]

Die Inszenierung vertraute der mittelalterlichen Geistes- und Geisterwelt, die auch die aktuelle Gegenwart noch im Griff haben, die Welt des Teufels und des Todes.

---

[145] Günther Cwojdrak: *Urfaust ein Zauberstück?*. In: Die Weltbühne, Berlin 1984, Nr. 15, S. 461

Auch eine andere Art und Weise, die Ursprünge des *Faust* in die Aufführung einzubeziehen, ist verbreitet: Er wird als Puppenspiel oder als Mischung von Puppenspiel und Menschenspiel inszeniert.

Das freie eisenacher burgtheater hat 1997 ein sehenswertes Beispiel geliefert (Regie: Anselm Lipgens). Eine Kritik hatte die Überschrift „Der Goethe lässt die Puppen tanzen" und sie beschrieb die Aufführung:

„Goethe lässt die Puppen tanzen, Faust (Lutz Schwarz) ist erstmal nur 'ne Marionette. Und Faust ist auch Goethe. Und Wagner ist auch Luise. Die beiden besorgen das Kunstgeplänkel, währenddessen Faust leblos am Boden hockt. So allmählich aber erstehen die Figuren, bald wird ihnen das Feld überlassen, Dichter und Gefährtin tauchen nicht mehr auf. Selbst am tragischen Ende nicht. – Vorher aber hat Regisseur Anselm Lipgens in Komödie gemacht, deftig, spritzig, lustig geht es zu. Das ist durchaus legitim bei diesem knallharten Fragmenten-Text, es ist wohl auch wünschenswert. So kann man falschem Pathos am besten entfliehen ..." [146]

Dem stehen jene Versuche gegenüber, den *Faust* möglichst ganz zu spielen oder mit einer neuen Lesart den gesamten Text für die Bühne zu erfassen. 1990 geschah das zur Wiedereröffnung des Schauspielhauses in Dresden. Wolfgang Engel inszenierte einen Faust, den das Publikum als „total verfremdeten" *Faust* erlebte und annahm.

Engel verzichtete auf den Prolog im Himmel, obwohl das die Exposition des Stückes ist. Dafür wurde ein doppelter Faust auf die Bühne gestellt, der reizvolle Lösungen ermöglichte:

---

[146] Michael Helbing: *Der Goethe lässt die Puppen tanzen.* In: Thüringer Allgemeine (Eisenacher Allgemeine) vom 11. Oktober 1997

Materialien: Inszenierungen

„*Etwa im Disput mit Wolfgang Gorks' gar nicht schrulligem Wagner oder beim Osterspaziergang, wenn der eine Faust sich im Freien ergeht, der andere die Huldigung der durch das Fenster bis ins Zimmer eingedrungenen tierisch-skurrilen Bürger über sich ergehen lässt. Doch damit nicht genug. Die beiden Darsteller übernehmen auch noch den Text des Hexenbarons Mephistopheles.*"[147]

Ein Höhepunkt der Versuche, den gesamten *Faust* zu spielen, wurde die Inszenierung auf der Expo 2000. Die Kritik allerdings ging mit dem Versuch nicht glimpflich um. Der Faustdarsteller Bruno Ganz beschrieb die Absicht des Regisseurs Peter Stein so:

„*Für ihn ist Faust das größte Kunstwerk deutscher Sprache, und deshalb würde er niemals bezweifeln, dass es genügend Leute gibt, die dieser Unternehmung von Anfang bis Ende folgen wollen. Und er hat Recht.*"[148]

---

[147] Gerhard Ebert: *An wen ist der Besitz geraten? Wohin man kommt, da hält ein Neuer haus...* In: Neues Deutschland, Berlin, 3. September 1990
[148] Spiegel-Gespräch *Diese Rolle gehört mir.* In. Der Spiegel Nr. 50, 2000, S. 234

Literatur

Die Literatur zu Goethes *Faust* ist außergewöhnlich umfangreich. Um sich in ihr zurechtzufinden, sind eigene Nachschlagewerke entstanden. Es werden einige für die vorliegende Darstellung wichtige Fragen aufwerfende Titel genannt. Andere weiterführende Titel finden sich in den Anmerkungen.

1) Ausgaben

Goethe, Johann Wolfgang von: *Faust I.* Hrsg. von Gerd Eversberg. Hollfeld: Bange Verlag, zweite überarbeitete Auflage 2001 (Reihe Königs Lektüren)
(Nach dieser Ausgabe wird zitiert.)

Goethe, Johann Wolfgang von: *Faust* (Hg. von Albrecht Schöne). Frankfurt am Main, 1974
(Mit empfehlenswertem Kommentar)

Der junge Goethe in seiner Zeit. In zwei Bänden und einer CD-ROM, hg. von Karl Eibl, Fotis Jannidis und Marianne Willems. Frankfurt/Main und Leipzig: Insel Verlag, 1998 (Win 3x/95/NT)
(Auf der CD-ROM werden alle Schriften des jungen Goethe in historische Kontexte wie Rezensionen, Briefe und Zeugnisse von Zeitzeugen eingebettet.)

Goethe, Johann Wolfgang von: *Werke*, Bd. 3 (Hamburger Ausgabe), durchg. von Wolfgang Kayser, Hamburg 1958; hg. von Erich Trunz; insgesamt 14 Bände. München: C. H. Beck und dtv, 1999
(Sehr gut kommentierte und verlässliche Studienausgabe für weiterführende Arbeit)

Goethe, Johann Wolfgang von: *Faust*. Gesamtausgabe. Leipzig: Insel-Verlag, 1956 (236.–240. Tausend)

Goethe, Johann Wolfgang von: *Poetische Werke*, Bd. 8 (Berliner Ausgabe = BA), bearbeitet von Angelika Jahn, Berlin: Aufbau-Verlag, 1965
(Sehr gut und weitgreifend erläutert und kommentiert, eignet sich für speziellere Arbeiten und leistet in vieler Hinsicht Pionierarbeit; nimmt vor allem die Ergebnisse der Jahrbücher der Goethe-Gesellschaft auf)

Goethe, Johann Wolfgang von: *Sämtliche Werke (Frankfurter Ausgabe). Briefe, Tagebücher und Gespräche*. Frankfurt a. M.: Deutscher Klassiker Verlag (40 in 45 Bänden), 1999
(Für Bibliotheken geeignete umfassende, allerdings sehr kostspielige Ausgabe mit ausführlichen Kommentaren, die manche neuen Erkenntnisse bringen.)

Herder – Goethe – Möser: *Von Deutscher Art und Kunst*. Leipzig: Verlag Philipp Reclam jun., 1960
(Darin Goethes ‚Von Deutscher Baukunst' und Mösers ‚Deutsche Geschichte')

Bode, Wilhelm (Hg.): *Goethe in vertraulichen Briefen seiner Zeitgenossen*, Bd. 1–3, Berlin und Weimar: Aufbau-Verlag, 1979, München, 1982

Eckermann, Johann Peter: *Gespräche mit Goethe in den letzten Jahren seines Lebens 1823–1832*. Berlin: Aufbau-Verlag, 1962

Götting, Franz (Hg.): *Chronik von Goethes Leben*. Leipzig: Insel, 1957

Gräf, Hans Gerhard (Hg.): *Goethe über seine Dichtungen.* Frankfurt am Main, 1904

Hartung, Ernst (Hg.): *Alles um Liebe. Goethes Briefe.* München – Ebenhausen: Wilhelm Langewiesche-Brandt, 1906

Wilpert, Gero von: *Goethe-Lexikon.* Stuttgart: Kröner Verlag, 1999 *(Fakten und Informationen über Wissenswertes zu Goethes Leben und Werk konzentriert und zuverlässig gesammelt)*

Braune, Werner (Hg.): *Das Volksbuch vom Doctor Faust.* Halle: Niemeyer, 1878 (Neudrucke deutscher Literaturwerke des 16. und 17. Jahrhunderts. Nr. 7/8)

2) Lernhilfen und Kommentare für Schüler

Esenwein, Jürgen von, Harald Gerlach: *Goethe – Zeit, Leben, Werk.* Aufbau, Metzler, Schroedel 1999 (CD-ROM; Win 95/NT) *(Nicht günstig strukturierte CD mit schwer benutzbaren Suchfunktionen und ohne genaue Hinweise, aber abwechslungsreich)*

Eversberg, Gerd: *Erläuterungen zu Johann Wolfgang von Goethe, Faust Teil I.* Hollfeld: C. Bange Verlag, 8. Auflage, 1996 *(Vorläufer des vorliegenden Buches)*

Friedrich, Theodor: *Goethes Faust erläutert.* Leipzig: Reclam, 1932 *(Das sehr genaue und umfassende Erläuterungswerk wurde seither mehrfach ergänzt und überarbeitet und stellt ein Standardwerk für das Verständnis des ‚Faust' dar. Es ist ein unersetzliches Hilfsmittel für jede Beschäftigung mit dem Werk und ist auch für alle Publikumskreise geeignet.)*

Gysi, Klaus (Hg.) u. a.: *Urfaust. Faust.* In: Klassik. Erläuterungen zur deutschen Literatur. Berlin: Volk und Wissen, 5. Auflage 1967

Keller, Werner: *Faust. Eine Tragödie.* In: Goethes Dramen. Interpretationen. Hg. von Walter Hinderer. Stuttgart: Reclam, 1992

Kobligk, Helmut: *Johann Wolfgang Goethe. Faust I.* Frankfurt am Main: Verlag Moritz Diesterweg, 19. Auflage 1997

3) Sekundärliteratur:

Boyle, Nicholas: *Goethe. Der Dichter in seiner Zeit*, Bd. 1 (1749–1790); Bd. 2 (1790–1803). München: C. H. Beck Verlag, 1995 ff.
(Die auf drei Bände angelegte umfangreiche Biografie ist populär angelegt, packend geschrieben und wirkt streckenweise wie ein Roman, hat aber neben manchem Neuen zahlreiche faktografische Fehler.)

Buchwald, Reinhard: *Führer durch Goethes Faustdichtung. Erklärung des Werkes und Geschichte seiner Entstehung.* Stuttgart: Alfred Kröner Verlag, 4. Auflage 1955 (Kröners Taschenausgabe Band 183)

Ciupke, Markus: *Des Geklimpers vielverworrner Töne Rausch. Die metrische Gestaltung in Goethes Faust.* Göttingen: Wallstein, 1994

Damm, Sigrid: *Christiane und Goethe. Eine Recherche.* Frankfurt am Main und Leipzig: Insel Verlag, 1998

Devrient, Eduard: *Geschichte der deutschen Schauspielkunst.* In zwei Bänden neu herausgegeben von Rolf Kabel und Christoph Trilse. Berlin: Henschelverlag, 1967

Düntzer, Heinrich: *Goethes Faust. Erster und zweiter Teil.* Zum ersten Mal vollständig erläutert. 2 Bände. Leipzig: Dyk'sche Buchhandlung, 1850

Eissler, Kurt R.: *Goethe. Eine psychoanalytische Studie 1775–1786.* Hg. von Rüdiger Scholz, 2 Bände, München 1987

Friedenthal, Richard: *Goethe. Sein Leben und seine Zeit.* München: R. Piper & Co Verlag, 1963

Geerdts, Hans-Jürgen: *Johann Wolfgang Goethe.* Leipzig: Philipp Reclam jun., 1972

Hamm, Heinz: *Goethes Faust. Werkgeschichte und Textanalyse.* Berlin: Volk und Wissen Verlag, 1978, 6., völlig neubearb. Aufl. 1997

Hansen, Volkmar: *Johann Wolfgang von Goethes Tragödie Faust als Epochensignatur.* In: Gerhard Rupp (Hg.): Klassiker der deutschen Literatur. Epochen – Signaturen von der Aufklärung bis zur Gegenwart. Würzburg: Königshausen & Neumann, 1999, S. 40–56

Hartmann, Horst: *Faustgestalt. Faustsage. Faustdichtung.* Berlin: Volk und Wissen Verlag, 1979

Hendel, Gerhard: *Von der deutschen Volkssage zu Goethes Faust.* Weimar: Nationale Forschungs- und Gedenkstätten der klassischen deutschen Literatur, 1967
(Eine übersichtliche, gut verständliche und mit umfangreichem Bildmaterial versehene Einführung in die Entstehung des Werkes.)

Hettner, Hermann: *Geschichte der deutschen Literatur im achtzehnten Jahrhundert.* 2 Bände, Berlin: Aufbau-Verlag, 1961
(Besonders im 2. Band finden sich weiterführende Bemerkungen zum Stück, entwickelt auf der Grundlage zeitgenössischer Dokumente)

Höfer, Anja: *Johann Wolfgang von Goethe.* (dtv portrait). München: dtv, 1999
(Eine kurze, übersichtliche und leicht verständliche Einführung in Leben und Werk, vor allem für Einsteiger und Jugendliche.)

Jasper, Willi: *Faust und die Deutschen.* Berlin: Rowohlt Verlag, 1998

Keller, Werner (Hg.): *Aufsätze zu Goethes Faust I.* Wege der Forschung, Bd. 145. Darmstadt: Wissenschaftliche Buchgesellschaft, 1984 (2., bibliografische erneuerte Auflage)
(Es handelt sich um eine Zusammenstellung wichtiger Einzeluntersuchungen namhafter, teils auch umstrittener Goethe-Forscher, von 1857 (F. Th. Vischer) bis in die siebziger Jahre des 20. Jahrhunderts.)

Lukács, Georg: *Faust und Faustus.* Reinbek bei Hamburg: Rowohlt, 1967

Lösch, Michael: *Who's who bei Goethe.* München: dtv, 1998

Mahal, Günther: *Untersuchungen zu einem zeitlosen Thema.* Neuwied, 1998

Mahl, Bernd: *Goethes Faust auf der Bühne. Fragment – Ideologiestück – Spieltext.* Stuttgart: J. B. Metzler Verlag, 1999 *(Die Dokumentation zur Wirkungsgeschichte ist ein Standardwerk über Faust-Inszenierungen, in dem die Schwierigkeiten im Umgang mit dem Text ebenso deutlich werden wie die Legende gewordenen, genial-fatalen Selbstdarstellungen eines Gustaf Gründgens u. a.)*

Mann, Otto: *Geschichte des deutschen Dramas.* Kröners Taschenausgabe Band 296. Stuttgart, Alfred Kröner Verlag, 1963 u. ö. *(Kurze präzise Darstellung der dramaturgischen Besonderheiten des ‚Faust')*

Mayer, Hans: *Goethe.* Hg. von Inge Jens. Frankfurt am Main: Suhrkamp Verlag, 1999

Mehring, Franz: *Johann Wolfgang Goethe (1899).* In: Gesammelte Schriften, hg. von Thomas Höhle u. a., Band 10, Berlin: Dietz Verlag, 1961

Midell, Eike (Hg.) unter Mitarbeit von Hans Henning: *Faust. Eine Anthologie.* 2 Bände. Leipzig: Reclam-Verlag, 1967

Schmidt, Jochen: *Goethes Faust. Erster und Zweiter Teil. Grundlagen – Werk – Wirkung.* München: Verlag C. H. Beck, 1999

Scholz, Gerhard: *Faust-Gespräche.* Mitarbeit Ursula Püschel. Leipzig: Verlag Philipp Reclam jun., 1983

Wilson, W. Daniel: *Das Goethe-Tabu. Protest und Menschenrechte im klassischen Weimar.* München: dtv, 1999

Literatur

4) Materialien aus dem Internet

Eine ausgezeichnete Linksammlung zu Goethe bietet die Homepage der Universitätsbibliothek der FU Berlin:
http://www.ub.fu-berlin.de/internetquellen/fachinformation/germanistik/autoren/multi_fgh/goethe/index.html

Goethes Werke online finden Sie unter:
http://gutenberg.spiegel.de/autoren/goethe.htm

Hier finden Sie Goethes Biografie, Kurzinhalte seiner Werke, Bibliografien sowie Einführung in Werk und Epoche:
http://www.xlibris.de/Autoren/Klassiker/Goethe.htm